一本书读懂
沟通心理学

章　程◎著

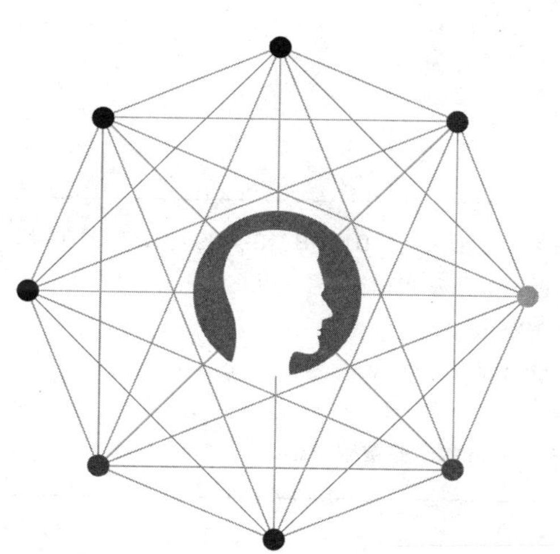

中国国际广播出版社

图书在版编目（CIP）数据

一本书读懂沟通心理学 / 章程著. -- 北京：
中国国际广播出版社, 2018.1
ISBN 978-7-5078-4138-1

Ⅰ. ①一… Ⅱ. ①章… Ⅲ. ①人际关系学－社会心理学－通俗读物
Ⅳ. ①C912.11-49

中国版本图书馆CIP数据核字(2017)第278092号

一本书读懂沟通心理学

著　　者　章程
责任编辑　筴学婧
版式设计　华阅时代
责任校对　徐秀英

出版发行　中国国际广播出版社［010-83139469　010-83139489（传真）］
社　　址　北京市西城区天宁寺前街2号北院A座一层
　　　　　邮编：100055
网　　址　www.chirp.com.cn
经　　销　新华书店
印　　刷　三河市九洲财鑫印刷有限公司

开　　本　710×1000　1/16
字　　数　210千字
印　　张　15
版　　次　2018年7月　北京第一版
印　　次　2018年7月　第一次印刷
定　　价　39.80元

CRI 中国国际广播出版社　欢迎关注本社新浪官方微博　官方网站 www.chirp.cn

前言

PREFACE

沟通并不是一件容易的事：

有时你觉得自己明明已经说得很清楚，对方的理解却南辕北辙；

有时你觉得自己明明是好心，结果却会让彼此都受伤；

有时你觉得明明是一件小事，却让你付出了巨大的代价；

……

面对这些情形，与其抱怨对方是个难以沟通的人，不如想想是不是自己的沟通方式出现了问题，才对彼此的关系或者工作的进展造成了阻碍。

事实上，沟通并非等同于信息的传递，还需要看传递是不是有效果。只有当信息的发出者和接受者对所沟通信息的理解是一致、准确、无误的时候，才能称作是一次成功的沟通。而这个过程，往往是离不开心理学知识的帮助。

一个人连续到某市出差。第一次他住进了宾馆A。当他退房时，前台服务员公式化地说："你先在这里等一下，我们要检查一下房间，看看有没有东西损坏或丢失。几天前，有个客人拿走了浴室的毛巾，还有个客人把床单烧了个洞……"这个人怎么听都觉得服务员是在含沙射影地鄙夷他。不用说，之后他再也没住过这家宾馆。相反，在另一家宾馆B，这个人却感受了截然不同的待遇。退房时，服务员微笑着说："您好，请您稍等，我们去看看您是否有东西落在房间里了。”如果仔细琢磨，你会发现，宾馆 B 的服务员表达的意思与宾馆 A 那位服务员所表达的完全一样——都是检查房间有无东西损坏或丢失。但显然，宾馆 B 的服务员说话技巧要高明许多。

这便是沟通中心理学的魔力。

《一本书读懂沟通心理学》就是从心理学角度来解析如何让人与人之间的沟通更顺畅、更有效、更愉快。如果你不知如何与人拉近关系；不知如何提升自己的影响力；不知如何批评指正才能达到让他人改正的目的；不知如何否定拒绝才能不树敌；不知如何给他人建议、对他人引导；不知如何求人才能办成事；不知如何才能避开沟通的雷区。诸如此类的问题，在本书你都可以找到答案。

本书以心理分析为突破口，把晦涩难懂的心理学概念掰开揉碎，结合现实的人际沟通案例加以说明，使读者掌握通过了解对方的心理活动建立成功人际关系的一些知识。当然，学会这些知识还不够，“学以致用”才是本书给你的最真诚的建议。当你在工作和生活中，大胆地尝试它、运用它，你的沟通能力才能真正得到提高。

最后衷心地祝愿每一位读者都能顺畅沟通，赢得成功。

目录

CONTENTS

第五章 否定拒绝的艺术

——“不”字打太极，拒绝他人也可以不树敌

第六章 建议引导的秘诀

——用心理暗示让改变在他人心里悄悄进行

第七章 求人办事的捷径

——要想办事顺利得拿着打开心门的钥匙

第八章 人际沟通的雷区

——一百个优点常常毁于一个致命的缺点

亲近和合的法则

——拉近彼此的心理距离是一切沟通的前提

每个人的名字就是他听过的最美的声音

你知道这个世界上最美丽的语言文字是什么吗？

“谢谢？”“我爱你？”

不不不，这些都不能获得所有人的认可。正确答案是：自己的名字。

芸芸众生，正是“名字”将你我他区分开来，它代表了每个人都是一个与众不同的个体。而人类最原始、最急切的需要之一，就是寻求、树立自身的重要性。我们重视自己的名字，在潜意识里，就是一种彰显个人价值的冲动。而当自己重视的东西也被他人所重视时，那种美妙的感觉是不言而喻的。相信你自己也有过这种体会吧：与一个分别太久的老同学或者与自己仅有一面之缘、并不太熟悉的人碰见，他如果能马上喊出你的名字，你一定会有至少微微的震动，觉得自己受到了重视，受到了尊重。

依照这种心理诉求，在与人沟通的过程中，如果能毫不费劲地叫出他人的名字，并经常叫一叫他的名字，无疑会使对方感受到被重视，心里暖融融的，对你也就充满了好感，无形之中能拉近他与你之间的距离。相反，如果你把一个人的名字忘记了，叫错了，彼此间的亲切感会顷刻间荡然无存，人家对你的印象也一定会当即打折，这样也就很难谈什么进一步交往了。

因此，要取得别人的好感，获得良好的沟通效果，我们不妨先从牢记他人的名字做起。

也许会有人说：“我就是记性很差，老是记不住别人的姓名。”或是说：“我的记忆力不好，因此人跟名字就是对不起来。”或者说：“我太忙了，实在没有时间记住他们的名字。”

不过，真的是这样吗？

其实，多数人不记得别人的名字，只因为不肯花必要的时间和精力去专心地、重复地、无声地把名字耕植在他们的心中。雪佛兰通用汽车分公司的总经理巴布·兰德能记6000个人的姓名；美国前邮务总长杰姆能牢记50000个人的姓名！

或许你又会说，巴布、杰姆都是特例，一般人做不到。但我只想告诉你，不要再为自己编造借口了！其实，记人名就跟背英文单词一样，只要肯用心，下苦功，必有所成。

要牢记人名，可参考下面四个方法：

对名字产生视觉印象

人们都说眼睛是心灵的相机，能把人们注意的东西记录下来。我们如果闭上眼睛，头脑中就会出现多种多样的面孔，就跟看照片一样。大脑之所以记住这么多面孔，就是因为眼睛用心看了。

例如法国皇帝拿破仑三世——也是拿破仑的侄儿——曾经得意地对人说，即使他日理万机，仍然能够记得每一个他所认识的人。他的技巧非常简单。如果他没有清楚地听到对方的名字，就说，“抱歉，我没有听清楚。”如果碰到一个不寻常的名字，他就说，“怎么写？”在谈话当中，他会把那个人的名字重复说几次，试着在心中把它跟那个人的特征、表情和容貌联想在一起。如果对方是个重要的人物，拿破仑三世就要更进一步，一等到他旁边没有人，他就把那个人的名字写在一张纸上，仔细看看，聚精会神地深深记在他心里，然后把那张纸撕掉。这样做，他对那个名字就不只是有听觉的印象，还有视觉的印象了。

因此，当你得知一个人的名字时，千万不要一听而过，而应该对着对方的脸孔，记下他的名字，这样有助于在下一次见面时能够顺利叫出他的名字。

多使用他人的名字

记住他人名字的有效办法是多使用他人的名字。重复是记忆的重要手段。每重复一遍你想学的东西，记住它的可能性就会增大。

这是一个非常不错的方法。首先，在同新结交的人谈话时尽可能地提起人名。这种重复能帮你更牢固地记住人名，而且会使对方对你产生好感。比如，“你好，王 XX 先生”“王 XX 先生，您请坐”“王 XX 先生，我很同意您的看法”等。要是在对话中能重复名字三遍，大概就能把这个名字记住了。

此外，你还必须利用零散的时间不断地“重复”他人的名字。你可以把要记的名字列个单子，在茶余饭后念叨念叨，相信花上一周时间就可记住。

运用特殊记忆法

比如，建立有意义的联想。如一个学员的名字叫“严婉庄”，倒过来念“装婉盐”，这样马上就把这个朋友的名字记住了。

再比如，运用谐音记忆名字。如有一个刚见面的客户叫“李青齐”，你就可以马上记住这个客户的名字：哦，他是“你亲戚”。

还有，顺口溜记忆法。这是同时会见几个人时，记忆名字的一种特殊方法。与一群人见面时，首先粗略地记住四五个名字，花点时间写下来。然后再会见下一批人，再记四五个人，如此反复，直到把所有人的名字都写下来。你可以试着把他们的名字编成一句话牢记在心。比如，你在一次宴会上同时会见 50 个人，他们的名字有茜斯尔、凯末尔、欧文斯、凯撒尔等。你把这些名字串起来，编成一句顺口溜，就不太容易忘记了。虽然并不是总能编成一句话，但你知道了这种方法，记起别人的名字来就不那么困难了。

让名字的本人帮你增强记忆

有时候要记住一个人的名字确实很难，尤其当它不太好念时。这时，你可以直截了当地向名字的本人请教记忆方法。

例如，一次聚会，其中一个人名叫克林克斯克尔斯，发音不太容易。多数人听过就算了，有一个人却问他：“您可不可以重复一下您的名字？”他又说了一遍，那个人仿佛还是没有听清楚，再问：“您能告诉我如何拼写吗？”他又教这个人如何拼写。之后，这个人又问他：“您这名字可不多见，能否告诉我如何更容易地记住它？”克林克斯克尔斯被他问了半天，没有一点不耐烦的样子。相反，他不厌其烦地教他如何记得更准。之后的一次偶遇，这个人马上叫出了他的名字，克林克斯克尔斯高兴得不得了。

许多人的名字后面都有一个动人的故事。不要怕对方不耐烦，因为人们总是非常愿意谈起自己的名字，在他心里这可比谈论天气有意思得多。因此，如果你觉得一个名字实在太难记，最好问一问它的来历。

把名字“存档”

睡觉之前，你不妨将今天你所遇见的新面孔的名字写下来。如果你有日记簿，日记本或台历，你不妨将这些名字摘记在上面。你最好将自己所认识的团体建一个档案，然后将名字分类记在档案上。每次当你要参加任何一个团体的活动之前，就先快速地复习一下他们的名字。这么一来，你当然会渐渐熟悉这个人，进而容易记得他的名字。

当你养成了记住别人名字的习惯，你一定会感受到它带给你的积极意义。

事实上，多数人不记得别人的名字，主要还是因为不肯花必要的时间和精力去用心记忆。其实，能够牢记他人的名字，并喊出来，不仅仅只是一种起码的礼貌，更是对一个人最好的恭维。当你养成了“记住别人名字”的习惯，你一定会感受到它对于沟通的积极意义。

没有不爱赞美的人，只有不会赞美的人

喜欢被人称赞是人类的天性。在婴儿时期，我们每个人都是从父母的点头、微笑、扣手、抚摸等赞美性的动作中获得满足的；长大成人以后，更多的人需要在别人的赞许声社会舆论声中，获得强烈的成就感。可以说，无论什么时候，被赞美、被欣赏、被认同永远是一种亟待满足的人类需求。

美国图书推销高手比恩·崔西就曾经说过："我能让任何人买我的图书。"而他推销图书的秘诀只有一条，那正是——善于赞美。

一次，他出去推销图书，遇到了一位非常有气质的女士。当那位女士听到崔西是位推销员时，脸一下子就阴了下来，说："我知道你们这些推销员很会奉承人，专挑好听的说，不过，我不会听你的鬼话的，你还是节省点时间吧。"

比恩·崔西微笑着说："是的，您说得很对，推销员是专挑那些好听的词来讲，说得别人昏头昏脑的。像您这样的消费者我还是很少遇到，特别有自己的主见，从来不会受到别人的支配。"

这时，这位女士的脸已由阴转晴了。她问了崔西很多问题，崔西都一一作答。最后，崔西开始又高声赞美道："您的形象给了您很高贵的个性，您的语言反映了您有敏锐的头脑，而您的冷静又衬出了您的气质。"

女士听后开心得笑出声来，很爽快地买了他一套书籍。而且，后来，她又在崔西那里购买了上百套书籍。

可见，世界上没有人不喜欢被赞美，只有不会赞美别人的人。既然如此，那我们在沟通中就应该好好学习和掌握好这一生活智慧。

赞美应该慷慨

赞美他人其实并不是一件容易的事，这是一种需要拥有胸襟和勇气的事情。

其实，看到别人所取得的成绩时，自己心里总是酸溜溜的，这也是一种正常的心理反应。但是，你一定要学会坦然面对，而不是总是想方设法地去发现别人的缺点，进而通过贬低别人来抬高自己。要知道，只有自己真的不如对方时，才会促使我们用放大镜去看他人的缺点，以此来增强自己脆弱的自尊心。

天生我才必有用，每个人都有自己独特的长处，你也有别人所无法比拟的成就和特色，这就是人与人之间所共存的、微妙的平衡关系。试着去喜欢别人，懂得去欣赏别人，才能更多地发现别人的优点，才能从他们身上汲取到提升自己的能量。

最为重要的一点是，当你学会用欣赏的眼光去看待自己和他人时，你得到的也必将会是世界的真、善、美。所以，无论你现在处于哪个位置，处在事业和人生的什么阶段，都请慷慨地赞赏别人吧。

赞美应该出自真心

言辞、口吻都会反应一个人的心理，假若你不是真心的，十之八九会被对方识破，这样，不但你的赞美得不到回应，反而会令人产生不快的感觉。这就好比你对着一个嘴巴大的人夸：“瞧，你的小嘴多可爱！”或者对着一个胖子说：“呀，你真苗条！”不但不会换来好感，反而会造成彼此间的隔阂、误解，甚至反目。

只有发自内心真情实感的赞美才不会给人虚假和牵强的感觉，既能体现人际交往中的互动关系，又能表达出自己内心的美好感受，对方也能够感受你对他真诚的关怀。

赞美应该得体自然

当我们面对的是并不相熟的人时，这一点尤其难把握。那么对于并不相熟的人，挑什么赞美最为妥当呢？西方人的观点是：“初次见面，请不要赞美我的人品或是性格——因为，您怎么会了解？”最好是选择对方身上显而易见的东西，比如他的穿着佩饰、他的过去成就，因为这种既成的事实与交情的深浅无关。

赞美应该合乎时宜

只有在适当的时机表达赞美，你的赞美才可以创造出无限的价值来。

例如，有一天，你的一位同事清早从床上爬起来，没来得及洗脸化妆，孩子就吵着要上学。刚送进教室，孩子的课本又忘了拿。从学校里出来，赶不上班车，误了点。最惨的是，轮到上司亲自打考勤，她的心情十分糟糕。这个时候，你来到她的身边，告诉她你从来没有见过这么好看的坤包，她买东西真有眼光。她一定会觉得这个世界上只有你才是知音。

可见，只要把握时机，一句简单的赞美就可以吹散当事者心头的阴影，能有效地缩短人与人之间的心理距离。

赞美应该恰到好处

有时好话说多了，就会让人误以为那不过是场面话，还可能令人感到恶心、招致反感。这里有个技巧，就是找到一个“点”来赞美。这个“点”一定是我们能够赞美的，而且确实是对方身上的“点”。只有恰到好处的赞美，才更加容易为人所接受，才能让人从内心深处感受到你的真诚，即使这只是一个美丽的谎言，他们也会非常喜欢。

赞美应该因人而异

人与人各自的心理特点不同，因此，赞美不同的人，就要像往不同的企业投求职信一样，你需要根据不同公司的不同特点，制定你的主打方案，对症下药，千万不要像批发商一样，对每个人都用同一套模式。例如，老年人总希望别人不忘记他“想当年”的业绩与雄风，同其交谈时，可多称赞他引为自豪的过去；对年轻人不妨语气稍为夸张地赞扬他的创造才能和开拓精神，并举出几点实例证明他的确能够前程似锦；对于经商的人，可称赞他头脑灵活，生财有道；对于有地位的干部，可称赞他为国为民，廉洁清正；对于知识分子，可称赞他知识渊博、宁静淡泊……当然这一切要依据事实，切不可虚夸。

总之，如果能选择好适当的语言，在适当的时候、适当的场合，符合彼此的身份，那么懂得赞美他人就是一种神奇的魔法，可以带给周围人愉悦，令人对你产生好感，也体现出你的素质和修养以及智慧、学识等，在工作和生活中都可以带来潜移默化的好处。

在笑声中最易迅速拉近人与人的心理距离

具有什么特征的人才更有魅力更吸引他人呢？一般人会说出友善、热情、开朗、宽容、幽默、有责任感，工作能力强等许多特征，但是，在心理学家看来：在所有这些特征中间，最重要的莫过于幽默。当然，并不是说其他特征不可贵，而是因为在人与人的交往过程中幽默是最容易展示的特质。而且，也是最富感染力、最具有普遍传达意义的沟通技能。

尤其是处身于高速发展、生活节奏在不断加快的社会，如果有人使我们笑，我们就容易对那个人产生好感，幽默能使给予和接受双方的自我感觉都良好。心情愉快时，人们自然以一种乐观的态度去看待一切，站在比较容易接受意见的角度看问题，也就更容易就分歧问题达成一致。

所以，幽默，不仅能迅速拉近人与人的心理距离，更能起到调节人际关系的作用，使对立变成和谐，化紧张为轻松。

这一点，在诸多成功的销售案例中就得到了充分的证明。例如下面这个日本寿险业著名销售员原一平的推销案例：

一次，原一平到一户人家去推销保险，一见到对方他就自我介绍："你好！我是明治保险的原一平。"

"喔……"对方端详他的名片一阵子后，慢条斯理地抬头说："两三天前曾来过一个保险公司的推销员，他话还没讲完，就被我赶走了。我是不会投保的，所以你多说无益，你还是快走吧，以免浪费你的时间。"

原一平自然看出了此人的不友好，但他自有办法应对。"真谢谢你的关心，你听完我的介绍之后，如果不满意的话，我当场切腹。无论如何，请你挤点时间给我吧！”原一平一脸正经，甚至还装得有点生气地说。

对方听了忍不住哈哈大笑，说：“有点意思，你真的要切腹吗？”

“不错，就像这样一刀扎下去……”原一平一边回答，一边用手比划。

“等着瞧吧！我非要你切腹不可。”

“来啊！既然怕切腹，我非要用心介绍不可啦！”话说到此，原一平脸上的表情忽然从“正经”变为“鬼脸”，于是这个人和他不由自主地一起大笑了。

对一个进行直接访问的推销员而言，能运用幽默的语言消除消费者的陌生感和敌意是非常重要的，它是后续销售活动顺利开展的重要前提，是成功的前奏。在这个事例中，原一平就是运用了幽默的语言消除了消费者的敌意，制造出一种轻松愉快的交谈气氛，让他不再排斥自己，为后面的推销活动打下了良好的基础。

事实上，不管你是何种身份、地位，也不管是在何种场合，幽默都能让你一展才华，助你在所有人际沟通中无往不利。

不过，现实生活中，更多的人往往对具有幽默感的人赞誉有加，自己却往往不具备这种好品质。其实，幽默感的培养也确实不是一件容易的事。因为幽默，不只是表层上的语言，而是一种灵活的思维、平和的心态、豁达的胸襟。要想拥有幽默，不能只靠技巧、练习，而是要靠对于日子的认真思考，对于世界的放眼瞭望，对于生活的深刻理解。

我们可以从以下几个方面做些努力：

培养乐观的信念

“幽默属于乐观者。”一个心地狭窄、思想颓废的人不会是幽默的人，也不会有幽默感的。有乐观的信念，才能对于一些不尽人意的事泰然处之。

因此，要做一个有幽默感的人，先要做一个乐观的人。善于发现生活中的美，善于发现快乐。不管面对什么样的境地，都要持有一颗积极进取之心。有个乐观向上的态度，幽默感也就自然而然地流露了。

丰富自己的知识

幽默是一种智慧的表现，它必须建立在丰富知识的基础上。如果一个人对古今中外、天南地北的历史典故、风土人情等各种事情都有所了解和掌握，再加上有较强的驾驭语言的能力，说话就会生动、活泼和谐趣。这也就是为什么古今中外著名的幽默大师，往往又都是语言大师的原因了。

因此，要做一个有幽默感的人，必须广泛涉猎，充实自我，不断从浩如烟海的书籍中收集幽默的浪花，从名人趣事的精华中撷取幽默的宝石。另外，幽默也不能过于深奥，应通俗易懂，否则使人像猜谜一样，百思不得其解，也达不到欢娱的效果。

保有善良的心地

幽默的出发点一定要是善意的。它或许带有温和地嘲讽，却不应刺伤人。切莫庸俗、轻浮，更不能混同无聊地调笑。例如有的人嘲笑人家的生理缺陷，如口吃、跛脚等毛病，这是很不道德的；又如有的人对男女之间的话题津津乐道、绘声绘色、哗众取宠，博得哈哈一笑。这样非但不能表现幽默，反而只能显露庸俗和浅薄。

因此，要做一个有幽默感的人，一定要注意不应把自己的快乐建立在别人的痛苦之上。揭人隐私、讥人之短的行为是为人所不齿的，要杜绝自己有这样的行为。幽默的人，能融于生活，乐此不疲，也能跳到生活之外，站在高处，放眼人生，以智者的眼光看待一切，这才叫豁达，这才有了幽默。

拥有自嘲的勇气

真正幽默的人，其实是自信的人，不怕受人嘲笑，而且非常善于自嘲，这种自嘲实际上是建立在自信的基础之上。很难想象，一个自惭形秽或者心胸狭小的人，也能自骂自嘲。敢于自嘲，就敢于正视自身的缺陷、不足和失败，就敢于正视不利的环境和条件。自嘲者表面自嘲，实际上在自嘲的背后有一种力量。

另外，我们还应该注意在生活中培养深刻的洞察力，提高观察事物的能力，培养机智、敏捷的能力，这些是提高幽默的一个重要方面。只有迅速地捕捉事物的本质，使用恰当的比喻、诙谐的语言，才能使人们产生轻松的感觉，才能为人们带去欢乐。

他人对你的信任度，取决于你的人际透明度

如果你仔细观察，总会发现身边有这样的人：一类是社交能力很强，可以饶有兴趣地与你谈论国际时事、体育新闻、家长里短，可是从来不会表明自己的态度，你一旦将话题引入略带私密性的问题时，他就会插科打诨，或是一言以蔽之。不过，他们虽然在交际场中如鱼得水，但是却少有知心朋友。还有一类人则刚好相反，他们虽然外表看起来不是很擅长社交，却为人真诚，能向对方袒露心声，用情感沟通弥补了语言沟通的缺陷，反而很快能和别人拉近距离。

这两种人在社会交往中的不同境遇，实际上是和他们的“自我暴露”程度有关的。

因为从心理学角度而言，在人际交往中，当自己处于明处，对方处于暗处，任何人都不会感到舒服。当自己表露情感，对方却讳莫如深，不和你交心，你怎会对他产生亲切感和信赖感？相反，当一个人向你表白内心深处的感受，会使你感到对方的信任和渴望沟通情感的愿望，这会拉近你和他的心理距离。有时候，对于可以信任的人吐露内心的感受，有时会一下子赢得对方的心，赢得一生的友谊。

这其实也就是心理学上的“自我暴露效应”，即一个人如果想要和别人建立比较密切的关系，一定程度的自我暴露是不可缺少的。

这其实不难理解。例如，一个人的恋爱经历属于个人隐私，一般人只会对特别亲密的朋友说。如果你主动透露自己的隐私——“我从上学的时候就没有女人缘”“真是不好意思，我曾经被甩过 3 次”，这就等于向对方暗示：

你与他的关系比较亲近。这样，对方也可能会放松地谈论自己的事情——“我也是这样啊……”。这可能会使你们的关系更近一层。事实上，想想在日常生活中，最知心的朋友不也是知道我们秘密最多的朋友吗？毕竟人人都不傻，都能直觉地感到对方对自己是出于需要、还是出于情感而和你来往。情感纽带下结成的关系，往往要比暂时的利益关系更加牢固。而那些和任何人都不做自我暴露的人，当然无法得到这种珍贵的感情关系。

美国心理学家安德森曾经做过这样一个试验，也充分证明了这一点：

他制定了一张表，列出 550 个描写人的品性的形容词，让大学生们指出他们所喜欢的品质。

试验结果明显地表现出，大学生们评价最高的性格品质不是别的，正是“真诚”。在 8 个评价最高的形容词中，竟有 6 个 (真诚的、诚实的、忠实的、真实的、信得过的和可靠的) 与真诚有关，而评价最低的品质是说谎、装假和不老实。

可见，在交往中，真诚无私的品质能使一个外表毫无魅力的人增添许多内在吸引力。相反，与人沟通时，你存在防备、猜疑的心理，不能敞开自己的胸怀，讲真话、实话，总是遮遮掩掩、吞吞吐吐、令人怀疑，是无法搞好人际关系的。

因此，在人际沟通中，我们就可以应用这个规律，在和人沟通时，尝试着向对方敞开胸怀，暴露一些自己的私事。

要知道，在社会生活中，人毕竟在各种各样的圈子里生存，如果把自己包裹得太严，结果之一是别人伤害不了你，但更严重的是别人也亲近不了你。平时不向邻里朋友伸出卸下防御的友好的手，在困难时很可能就没有人伸出手来拉你一把。

当然，“自我暴露”也并不是越多越好。总是向别人喋喋不休地谈论自己，会被他人看作是适应不良的自我中心主义者。心理学家认为，理想的自我暴露是对少数亲密的朋友做较多的自我暴露，而对一般朋友和其他人做中等程度的暴露。

比如，在商业谈判之前，可以先和对方聊一点闲话，暗示对方你们的关系比较密切、融洽，从而为谈判创造良好的气氛。例如你可以这样开头："说起来，前几天有这么一件事……""我儿子啊，前几天捡回来一只被人遗弃的小狗，本来我想让他扔了，结果现在我比他还喜欢那条狗呢！"这可以让谈判在一种温馨的气氛中开始，并且更顺利地进行。再比如，"我有好几次在上班途中肚子疼，只好中途下车。""我只要去书店就想上厕所。"这类比较私人的话题，也可能引发对方谈谈他自己的私人话题。这时候，你们就关系就拉近了。

但要注意，无论你们之间的关系多深、多密切，每个人都有自己不愿意暴露的领域。你不能因为开放了自己就要求对方对你完全地敞开心扉，更不应该随意的侵犯对方不愿意暴露的隐私，即使那个人是你的朋友、爱人或者孩子。否则，反而会让对方产生强烈的反感，从而导致他们对我们的接纳性下降。

如果只有一个说话机会，把它留给别人

众所周知，人与人之间沟通最重要的一个手段就是语言。不过，沟通可不是简单的交谈或说话，调查研究发现，沟通中的行为比例最大的是倾听，我们花费在倾听上的时间，要超出其他的沟通行为。

这是因为任何时候都不可能只有一方信息的传达，即使在以传达为主的一方，也会因为接受方的不同表现而调整自己的传达方式。而且，倾听有利于了解和掌握更多的信息。更重要的是，从心理学角度而言，对方说话的过程中，你不时地点点头，表示你非常注意谈话者的讲话内容，使说话者受到鼓舞，觉得自己受到了重视，自己的话有价值，也就会更为充分、完整地表达他的想法，这不正是沟通所需要的吗？

如果看过《傲慢与偏见》这本小说，你也许还记得这个场景：丽萃在一次茶会上专注地听着一位刚刚从非洲旅行回来的男士讲非洲的所见所闻，几乎没有说什么话，但分手时那位绅士却对别人说，丽萃是个多么善言谈的姑娘啊！

看，这就是倾听的魔力！静心地倾听，贴心地安慰，真心地理解，通常比巧舌如簧更能贴近别人的心，使对方感觉备受重视，从而对你产生好感。不管对象是谁，上司、下属、父母、爱人、朋友或者陌生人，倾听都有同样的功效。

现实生活中，很多人之间的交流危机就恰恰是源于不能耐心地倾听对方的倾诉。比如夫妻之间，丈夫喜欢向妻子倾诉工作中的烦恼，是希望妻子能体谅他工作的辛苦；妻子喜欢向丈夫倾诉生活中的琐事，也是希望得到丈夫对自己努力的肯定。如果对方每次都表现得很不耐烦，说话的一方自然也就失去了兴趣，爱人之间就会出现可怕的沉默，爱情自然也会暗淡下来；再比

如销售场合，很多销售员在进行销售时，总是从始至终一直滔滔不绝地说，向客户灌输自己的思想、自己的意见，强制客户接受自己认为好的东西，而直到生意失败，销售员可能也不知道客户为什么会拒绝，还觉得自己说得很好。

不过，倾听并非只用耳朵就可以，你还要用心。

一是用耐心

当别人流畅地谈话时，随便插话打岔，改变说话人的思路和话题，或者任意发表评论，都被认为是一种没有教养或不礼貌的行为。即使对方说话内容很多，或者由于情绪激动等原因，语言表达有些零散甚至混乱，甚至有些内容是你不想听的，你都应该耐心地听完他的叙述，千万不要在别人没有表达完自己的意思时，随意地打断别人的话语。

不过，这里所说的只是不要随便插话，如果你插话插得好，反而有助于达到最佳的倾听效果。例如下面这三种情况：

插安慰的话。当对方在同你谈某事，因担心你可能对此不感兴趣，显露出犹豫、为难的神情时，你可以趁机说一两句安慰的话，如："你能谈谈那件事吗？我不十分了解。""请你继续说。""我对此也是十分有兴趣的。"等等。这些话都表明了一个意思——我很愿意听你的叙说，不论你说得怎样，说的是什么。这样可以消除对方的犹豫，坚定他倾诉的信心。

插疏导的话。当对方由于心烦、愤怒等原因，在叙述中不能控制自己的感情时，你可用一两句话来疏导，如"你一定感到很气愤。""你似乎有些心烦。""你心里很难受吗？"等等。说这些话的目的就是把对方心中郁结的一股异常情感"诱导"出来，对方可能会因你的这些话或哭或骂都不足为奇。但是，当对方发泄一番后，就会感到轻松、解脱，从而能够从容地完成对问题的叙述。值得注意的是，说这些话时不要陷入盲目安慰的误区。不应对他人的话做出判断、评价，说一些诸如"你是对的""他不是这样"一类的话。你的责任不过是顺应对方的情绪，为他架设一条"输导管"，而不应该"火上浇油"，强化他的抑郁情绪。

插综述的话。当对方在叙述时急切地想让你理解他的谈话内容时，你

可以用一两 句话来“综述”对方话中的含意，如“你是说……”“你的意见是……”“你想说的是这个意思吧……”等等。这样的综述既能及时地验证你对对方谈话内容的理解程度，加深对其的印象，又能让对方感到你的诚意，并能帮助你随时纠正理解中的偏差。

二是用真心

著名心理学家狄金森曾说：“好的倾听者，用耳听内容，更用心听情感。”可见，倾听并非只用耳朵就可以，还应该包括所有的感官，你的眼睛，你的神情，你的肢体动作。

首先，你要用眼睛、脸孔甚至整个身体去倾听对方的话。如果你真正热心地听对方说话，你就会在他说话时看着他，你会稍微向前倾着身子，你脸部的表情也会有反应。而且，倾听不只包含听到对方说什么，还观察到对方非口语行为所蕴涵的意义，注意到其手势、表情、神态、声调、身体动作，当一个人心口不一时，往往可从非语言信息看到真正的含意。然后对于所听到、观察到的，给予适当而简短的反应，一个点头，一个微笑都可以，这不仅表示你在听，而且表示你在很用心地听，这是对说话人的理解和尊重。这样的示意，能让对方感受到你的肯定和鼓励。

其实，你要将意见或者建议反馈给对方，这也正是你用心倾听对方说话的最好证明。不过，直截了当有时候会显得粗鲁无礼，你需要掌握诱导性发问的技巧。这也是任何一个想要成为好听众的人所必备的技巧。诱导性的发问是，在发问中灵巧地暗示着发问人内心已有的一个特殊答案，而不直接提出对方不想听的劝告。诱导性的问话，就是一个既可以刺激谈话，推动话题，又不会失败的技巧。例如，你可以提出这样的问题：“你认为做更大的广告，可能会增加你的销路，或者将是一种冒险吗？”你提出这种问题并不是真的给他劝告，但却可以得到类似的结果。

另外，如果你真的没有时间，或者有别的原因不能听别人谈话，就直接提出来：“对不起，我很想听你的看法，但是今天还有两件事情必须马上处理。”这时，一般情况下，都能得到对方的谅解，如果你心里想着其他事，心不在焉地去听别人说话，对方会认为你是在敷衍，反而会对你心存不满。

最完美的人反而往往不是最受欢迎的人

才能平庸者固然不会受人倾慕，但全然无缺点的人，却也未必讨人喜欢。因为当一个人的才华让他人感到遥不可及的时候，就会变成一种心理压力，促使人们敬而远之。

事实上，最讨人喜欢的人往往是才能出众而又带有一点小缺点的人。比如，伟大的学者爱因斯坦，大家都知道他在物理学方面做出了重大的贡献，但他在某些方面却表现得相当傻——他曾经忘记自己家的地址，也无法记住自己家的电话号码；拍照的时候，也总是摆出吐舌头等怪异的姿势。但正这种傻气与可爱，反而提高了他的人气。试想，如果爱因斯坦是一位总是表情严肃、眉头紧皱的学者，也许就不会受到如此多的爱戴了。

这其实就是心理学中的“仰巴脚效应”，是著名的心理学教授阿伦森通过一个试验得出的结论。

在实验中，他把四段情节类似的访谈录像分别放给测试对象：

第一段录像中的是个非常优秀的成功人士，在接受主持人采访时，他的态度非常自然，谈吐不俗，表现得非常有自信，没有一点羞涩的表情，他的精彩表现，不时地赢得台下观众的阵阵掌声；

第二段录像中的也是个非常优秀的成功人士，不过他在台上的表现略有些羞涩，在主持人向观众介绍他所取得的成就时，他表现得非常紧张，竟把桌上的咖啡杯碰倒了，咖啡还将主持人的裤子淋湿了；

第三段录像中的是个非常普通的人，他不像上面两位成功人士那样有着不俗的成绩，整个采访过程中，他虽然不太紧张，但也没有什么吸引人的发言，一点也不出彩；

第四段录像中接受主持人访谈的也是个很普通的人，在采访的过程中，他表现得非常紧张，和第二段录像中一样，他也把身边的咖啡杯弄倒了，淋湿了主持人的衣服。

当教授放完这四段录像之后，让测试者们从上面的这四个人中分别选出一位他们最喜欢的和最不喜欢的。

最不喜欢的毋庸置疑，当然是第四段录像中的那位先生。可奇怪的是，测试者们最喜欢的却不是第一段录像中的那位成功人士，而是第二段录像中打翻了咖啡杯的那位，有 95% 的测试者选择了他。

对此，心理学家的解释是，如果一个人表现得完美无缺，我们从外面看不到他的任何缺点，反而会让人觉得不够真实，恰恰会降低他在别人心目中的信任度，因为一个人不可能是没有任何缺点的，尽管别人不知道，他心里对自己的缺点也可能是心知肚明的。而且取得突出成就的人，往往给人一种高不可攀、咄咄逼人的感觉，更令人望而生畏。而一些微小的失误比如打翻咖啡杯这样的细节，不仅不会影响人们对他的好感，相反使人觉得他也和常人一样，会犯错误，有平凡的一面，让人从心里感觉他很真诚，值得信任。从而感到更好接受，更有安全感。

所以，在与人沟通交流时，要使别人对你放松警惕，造成亲近之感，只要你很巧妙地、不露痕迹地在他人面前暴露某些无关痛痒的缺点，出点小洋相，表明自己并不是一个高高在上、十全十美的人物，这样就会使人在与你交往时松一口气，减轻自己的自卑，也就更愿意与你交往。

例如，地位高的人在地位低的人的面前不妨展示自己的奋斗过程，表明自己其实是个平凡的人；成功者在别人面前多说自己失败的经历，现实的烦恼，给人一种“成功不易”“成功者并非一举成名”的感觉；对眼下经济状况不如自己的人，可以适当诉说自己的苦衷：例如健康欠佳、子女学业不妙以及工作中诸多困难，让对方感到家家都有一本难念的经；某些专业上有一技之长的人，最好宣布自己对其他领域一窍不通，袒露自己日常生活中如何闹过笑话、受过窘等；至于那些完全因客观条件或偶然机遇侥幸获得名利的人，更应该直言不讳地承认自己是天上掉馅饼，偶尔的运气好……

还比如，老师在一群成绩不好的学生面前，可以故意写错一个字或故意说错一句话，让学生们认为老师也会有错的时候。还有，上台演讲时，故意在麦克风前做些愚蠢的引人发笑的小动作，也可使会场的气氛变得十分轻松，等等。

事实上，世界上就不可能存在真正完美、没有缺点的人。如果一个人总是表现得很完美，倒很容易让人怀疑其中有造假的成分。或者说，故意把自己表现得很完美，这本身恐怕就是一个不好的缺点。比别人聪明，但不要表现的比别人更聪明，才是一个真正聪明的人。

实际与预期相符，将会加强预期的作用力

心理学家廷克波曾经在猴子身上做过这样一个有趣的实验。他首先当着猴子的面，把它们喜欢吃的香蕉放入两个带盖子的容器中的某个，然后用一块木板挡住猴子的视线，然后，让猴子在两者中进行选择。结果发现，猴子准确地从装有香蕉的容器中取得了食物。然后，他再当着猴子的面把香蕉放入后，又在挡板后面把香蕉取出，换成猴子不喜欢吃的莴苣叶子，并要求猴子取食。结果，当猴子从容器中取出莴苣叶子时，显露出惊讶的表情，似乎是“大吃一惊”的挫败感。它拒绝吃莴苣叶子，并四周搜索，寻找期望中的香蕉。寻找失败后，它会非常沮丧地向实验者高声尖叫，大发脾气。

其实，类似的情绪在我们人类身上也并不少见。正如一句俗语所言：“希望越大，失望越大。”比如某次考试如果你期望拿 70 分，结果考了 80 分，必然欢呼雀跃；但是如果期望得 90 分，最后却只考了 80 分，自然垂头丧气。

这说明很多时候，我们的行为都不是受事件的直接结果影响的，而是受我们所预期的结果所支配。即如果实际达不到预期，将给人带来认知的失调，从而改变原先的惯有的行为；但相反，如果实际与预期相符，将会加强预期的作用力和可信度。同样都是 80 分，却可以让我们出现截然相反的两种情绪行为，这正是“预期”在其中所起的作用。

既然如此，我们就可以利用“预期效应”改变他人对我们的态度。根据“预期效应”，如果我们总是实现我们给予别人的预期，那么别人对我们的信任度就会提高。

不过，要想有效地利用预期，却不是一件简单的事情。因为如果你让他

人产生了特定的预期，却并没有让其达成预期，那么会使对方的心理感受非常糟糕，就如同那个气急败坏的猴子。

我们在具体的沟通过程中，下面这些要点一定要把握：

做不到的不要随便承诺

在做出承诺之前，必须谨慎。如果已经确定对方的某些需求无法给予满足，就千万不要随便承诺。现实生活中，许多人往往是出于爱面子和怕得罪人的心理，在别人提出一些要求或者请求帮助的时候，即使自己很忙、或者力有不逮，也往往要勉为其力，那个“不”字就是说不出口。结果，不但自己常常陷入窘境当中，更重要的是，当你无论如何也不能达到对方的预期同时，你也失去了最基本的信誉，那以后就可能再也没有挽回他人信任的机会了。

值得一提的是，做父母的更应该注重自己的一言一行、一举一动，答应过孩子的事就应该努力做到，而不是整天开空头支票、信口承诺。许多父母往往将对于子女的承诺当作玩笑话，殊不知一次欺骗孩子容易，但是要想保持孩子对你的信任却不容易了。

不要给予过高的承诺

对于自己可以做到的事情，也不要给予他人过高的承诺。例如，作为销售人员，如果你的企业能在接到通知之后 18 小时内提供售后维修服务，则可以对客户承诺 24 小时之内；如果维修人员接到电话后能在 2 小时内赶到，则可以承诺 3 小时之内赶到。这个技巧，还有一个好处，就是会使客户的期望稍低于你的企业服务水准，当你所提供的水准超越了他们的期望后，客户会有一种满足感。

承诺过的话一定要兑现

自己承诺的事情一定要努力实现，这是成为一个诚信者的基本要求。在影视和文学作品中，我们还经常会见到其中的人物发誓：“我如果……，就不得好死”；在现实生活中的一些重大场合，主办者或组织者也要求参与者郑重决定：“我宣誓，我志愿加入……”“作为一名……，我要……”“我愿意……”，等等。这说明，承诺是一件严肃的事情，它不应是空头支票，不能只是停留在口头上，而要落实到实际行动中。

对于那些已经向他人做出承诺、最终却无法兑现的事情，一些人想当然地以为“只要对方不加以追究的话，那就可以蒙混过关了”，那纯粹是一种侥幸心理。因为即使他人不加以追究，可是对你的不满也已经形成了。这时，你除了及时予以道歉，并想办法加以补救，别无他法。否则，对方的不满就会越积越深，最终达到难以调和的地步。

一次“长”见面不如平时“常”见面

中国传统文化历来鄙视“平时不烧香，临时抱佛脚”的做法，而我们自己大概也有过这样的体会：如果我们和一个认识的人长时间不来往，忽然有事有求于人家，就会感到不好意思开口。因为长时间不来往，感情淡漠了，有事相求的时候，就感到不自然。因此，不管什么时候，我们都有必要主动增加与别人的接触，创设熟悉的氛围。

那么，如何才能尽快与他人熟络起来呢？

大多数人认为谈话时间越长越好。但实际上，对于增进彼此的感情来说，与其想尽办法拉长见面时间，还不如增加两人见面的频率，即所谓的“长”见面不如“常”见面。

这绝对不是信口雌黄，而是有心理学依据的。心理学家曾经做过这样一个实验：选取一系列测试者把 12 个素不相识的人的照片给测试者看。照片分为 6 组，每组两张。第一组两张只看一次，第二组两张看 2 次，第三组看 4 次，第四组看 6 次，第五组看 8 次，第六组两张照片不予观看。被测试者看完照片后，要求按照自己的欣赏程度对照片给予评价。结果表明，凡是被看的次数多的照片，被接受的程度也就越高。

因此，如果你想和某个人建立良好的关系，你不妨找机会多与对方见面，加深彼此的印象，混个脸熟。事实上，许多人缘好的人，正是因为懂得制造与他人多接触的机会，提高彼此的熟悉度，从而使自己产生更强的吸引力的。

当然，想让别人“多看到”我们也是需要一些智慧和技巧的。

把握每一个“抛头露面”的机会

我们都知道，明星们为了赢得更多人气总会想尽办法增加曝光率，高的曝光就会产生“常见”效应，让更多人关注他们，喜欢他们。当然，我们不是明星，没有媒体的宣传，可是却也可以依靠自己的智慧增加曝光机会。例如，如果有重要场合邀请你加入，而你恰好有时间，那么一定要参加。在这些场合你不能只是干坐着，或者听别人发表意见，你要在合适的时候微笑着寒暄，与别人多交流。而在适合自己发挥才能的时候，你更要抓住机会表现，让更多人对你有印象。

掌握对方的信息，制造巧遇

很多时候，并不是你有时间见面，双方就可以见面的。如果你一旦得到了谈话机会就抓住长谈，很可能会引起对方的反感。这时，我们不妨制造一些巧遇，既增加了双方见面的次数，又不至招人讨厌。

例如下面这个例子：一保险推销员，曾向一位大制造商推销人寿保险，但十之八九会被拒之门外。但是他并没有放弃这一单大买卖，他开始通过各种渠道了解这位大制造商。终于发现原来这位大制造商本是四川人，虽然早已在北京居住，但是还是特别喜欢吃火锅，经常去一家叫“特色四川火锅”的饭店吃饭。掌握了这个信息后，推销员决定当晚便去这家饭店门口去“守株待兔”。而且，在整个吃饭过程中，推销员并没有提保险的事儿，而是像朋友一样拉家常，聊小孩儿。倒是在快吃晚饭的时候，制造商自己提出了保险的事儿，并让推销员有空去一下他办公室。

这个保险推销员正是抓住了制造商常去吃火锅的嗜好，制造了一场偶遇，才为自己赢得了这次机会。但不管你是什么身份，你要见的人是谁，都需要你平时多收集一些对方的信息，并分析哪些可以为你所用。而且，见面之后，第一句话最好说“真是巧，……”那么对方也许就会认为：“真的好巧，他和我在一家餐厅吃饭！”“他也喜欢钓鱼？挺有品位的嘛！”“他找了我这么久原来我们是一个健身俱乐部的会员啊！”这样，他们也会从心理上找到心有灵犀的感觉，增加对你的好感。

把一次见面机会分割成多次进行

一次性把话说清楚、把事做完，固然是一个好习惯，但下一次，你们又有什么非见不可的理由呢？所以，有些事情，不妨一次变多次。

例如，你想通过向上司汇报工作，赢得上司的注意与重视，那么与其一次汇报很多，不如经常汇报。也许你觉得经常向上司汇报，不如一次汇报的时间长一些，更便于与上司进行深入交谈。但是上司通常很忙，找到长时间汇报的机会并不容易，而且效果也不一定好。相反，经常汇报，与上司接触的次数多了，表现你的能力的机会也就多了，上司了解你、提拔你的可能性就会增大。因此，你最好经常向上司汇报：完成工作时，立即汇报；工作进行到一定程度时，按时汇报；预计工作会拖延时，及时汇报。这样，与上司越熟悉，上司越可能喜欢你、提拔你。

保持各种形式的联系

现在通讯方式如此发达，要想与他人保持沟通，除了见面一途，其实还有很多方式。电话、QQ、微信、信件等都是沟通的必要手段。例如，如果你知道对方的手机号、微信号，那么在恰当的时间里发一条问候的信息。如果你知道对方的 MSN、QQ 以及邮箱地址，那么每当看到他在线，就不慌不忙地发去一条问候，而当你发现对对方有用的信息时，你也可以通过邮件传给对方。传统的手写信件，更是给人与众不同的感觉，让人感受到你的用心。

当然，你还需要注意，事物都是相对的，不是所有的频繁接触都会起到好的作用，如果第一次就让人讨厌的话，估计以后的频繁接触只会愈发强化矛盾。因此，不要只看重交流的次数，也要关注沟通的内容以及性质的好坏。

会“闲聊”的人往往是最受欢迎的人

闲聊的“闲”这个字，总能让人联想到“无关紧要”，因此大家很自然地认为闲聊也是无关紧要的。但许多事实证明，闲聊是一种重要的沟通方式。

从社会心理学的角度看，人们往往会根据闲聊的内容，是否喜欢闲聊，或怎样与人闲聊，来判断别人的性情。善于闲聊的人，会让人觉得亲切随和，而不善于闲聊的人常被冠以“清高”之名，使人感到难以接近。因此，闲聊这种看似琐碎的细节，是决定交际成败的关键。而且，闲聊可以保持沟通过程的有效性。闲聊中的表情动作以及姿势都能传递一些心理信息给对方，让对方觉得你是一个亲切与可信赖的人。

此外，闲聊对于谈判等“正经事”也具有微妙的促进作用。一些有经验的谈话者在正式进入谈话主题前，总会谈些与主题无关的“废话”，比如谈谈天气，拉拉家常，讲讲趣闻等。一些社交高手，如政治家、新闻记者，都善于利用这种方式来拉近与对方的距离。事实上，在商业谈判中，真正成功的商业谈判的前提正是闲聊中的各自满足，这样才会有进一步利益上的合作。通过闲聊，我们可以使相互不认识、不了解的双方，为达成一个共同的目标做个铺垫。

不过，在这个过程中所谓的“闲”，不是空洞的，而是有针对性有目的性地去引导对方，达到获取所需信息的真正目的。

从聊天的内容上来说，要选择恰当的闲聊话题。一般说来，凡是能引起对方兴致的话题都可以作为闲聊的话题。咨询公司查尔芬集团（Chalfin Group Inc.）的 CEO 罗伯特·查尔芬（Robin Chalfin）举了一个很好的例子。

他有个客户是IT公司的老板，希望卖掉自己的生意，于是请一个有意的买家吃饭。买家在闲聊时谈起他带儿子钓鱼的情景。这段谈话之后，“大家的警惕情绪和对谈判的种种疑问都豁然消解了，”查尔芬说。这位老板并不热衷于钓鱼，但重要的是双方对家庭和业余生活都十分重视，因此这顿饭最终敲定了交易。

在闲聊时我们可以选择以下的话题作为开始，比如：

天气 天气几乎是中外人士最常用的普遍的话题。天气对于生活的影响太大了，天气很好，不妨同声赞美；天气太热，也不妨交换一下彼此的苦恼；如果有什么台风、暴雨或是季节性流行病的消息，更值得拿出来谈谈，因为那是人人都关心的话题。

新闻 轰动一时的社会新闻也是闲谈的资料。假使你有一些特有的新闻或特殊的意见和看法，那足可以把一批消费者吸引在你的周围。

保健 怎样可以增强体质、怎样可以减肥等医疗保健的话题，这也是人人都感兴趣的话题。特别在遇到有消费者的朋友或其家人健康有问题的时候，假如你能向他提供有价值的意见，那他更是会对你非常感激的。

笑话 自己闹过的有些无伤大雅的笑话，像买东西上当、语言上的误会一类的笑话，多数人都爱听。开开自己的玩笑，除了能够博人一笑之外，还会使消费者觉得你为人很随和，很容易相处。

家庭 关于每个家庭里需要知道的各方面的知识，例如儿童教育、购物经验、夫妇之间怎样相处、亲友之间的交际应酬、家庭布置等，也会使大多数人产生兴趣，特别是家庭主妇类消费者尤其关心这类问题。

此外，运动、娱乐、政治和宗教等，还有许多话题都可以作为闲谈的资料。

但是，有一种话题却是一定不能聊的，那就是涉及隐私的话题。如果对方不小心把自己的秘密说了出来，你最好不要刨根问底；我们自己也要做到不要随意透露自己的隐私。当你的生活中出现了危机，如失恋、家庭不和等，最好不要随便找人倾诉；当你的工作中出现了危机，做事不顺心，对上司、对同事有意见、有看法，你也千万不要向人袒露心迹。即便对最要好的知己，也不要将自己的隐私和盘托出。且不说听者有心，这样做本身就缺乏涵养，也缺少人格魅力。

另外，闲聊时选择合适的方式、合适的语句也是非常必要的，而且这合适的方式、语句的表示，还有赖于主动热情、诚实友善的态度。只有把这三者有机地结合起来，闲聊的目的才能达到。试想，当别人用冷冰冰的态度对你说“我很高兴见到你”时，你会有一种什么样的感觉？当别人用不屑一顾的态度夸奖你“我发现你很精明能干”时，你又会做何感想？推己及人，我们闲聊时就不能不注意态度。

此外，做任何事情都应有个“度”，闲聊也不例外。恰当适度的闲聊有益于打开谈话的局面，但切忌没完没了，时间过长（当然，对方特别有兴致聊时例外）。高明的沟通者，总是善于从闲聊中找到契机，因势利导，言归正传。

总之，闲聊用得恰到好处便能锦上添花，促进你与对方的交往。通过闲聊，可以使双方放松一些，熟悉一些，造成一种有利于交谈的氛围。通过交谈，大家可以更加了解对方，有利于找到共同的话题，有利于采用策略进行深入的交谈。所以在和他人的沟通中，切不可轻视闲聊的作用。

他人对你的好感源于你喜欢他的样子

人往往会把自己当成世界的中心，把自己作为衡量一切的标准。人的这种本性决定了，当人们发现一个人喜欢自己，不管对方客观情况是怎样，就会无条件地比较喜欢对方。

对此，心理学家曾做过实验，他们安排互不相识的被试分别参加一系列合作性活动。每次交往以后，有意安排一名被试（研究者的助手）对研究者评价其他被试（真被试），或夸奖，或抱怨，或先褒后贬，或先贬后褒，并让各组被试评价者听到。

最后，被试评价者自己选择下一阶段实验的合作者时，受到表扬的被试，都倾向于选择原来的伙伴（研究者的助手），而受到抱怨的被试，则倾向于拒绝选择原来的搭档（研究者的助手）。

心理学上对此的解释是，任何人都有保持自己心理平衡的稳定倾向，都要求自身同他人的关系保持某种适当性、合理性，并根据这种适当性、合理性使自己的行为以及和别人的关系得到调整。这样，当别人对人们做出一个友好行为，对人们表示接纳和支持时，人们会感到“应该”对别人报以相应的友好应答。这种“应该”的意识，会使人们产生一种心理压力，迫使人们也表示相应的接纳行为。否则，人们的行为就是不合理、不适当的，就会妨碍自己以某种观念为基础的心理平衡。

除了这种“善意回报”心理之外，还因为喜欢我们的人会使我们体验到愉快的情绪。只要一想起他们，就会同样想起和他们交往时所拥有的快乐，因而看到他们就自然有了好心情。更重要的是，那些喜欢我们的人，使我们受尊重的需要得到了极大的满足。因为他人对自己的喜欢，是对自己的一种肯定、赏识，说明自己对他人或说对社会有较大的价值。

所以，如果你想让你的“目标人物”喜欢你，就要先让他知道：你喜欢他。

那么，如何才能将你对对方的好感，正确传达给他呢？

最有效的方法当然是直言不讳。

例如，世界上最了不起的卖车人乔·杰拉德，每一个节日都会给他的 1.3 万名顾客每人送一张问候的卡片，卡片的内容随季节而变化（新年快乐，情人节快乐，感恩节快乐，等等），但卡片的封面上写的永远是同一句话：“我喜欢你。”用乔·杰拉德自己的话来说：“卡片上除此之外就没有什么别的东西了，我只是想告诉他们我喜欢他们。”

乔·杰拉德正是借助于这种方式使他每年的收入都超过 20 万美元，创下连续 12 年都赢得“销售第一名”的纪录。他平均每一个工作日都会卖掉 5 辆车，被吉尼斯世界纪录称之为世界上“最了不起的卖车人”。

除了这种“直抒胸臆”的表达方式，我们还可以用暗示。例如把自己对对方的好感暗示给对方：“我一向比较怕生，但是见到 ×× 先生，却一点也不觉得拘谨”、“见到您，觉得心里很踏实”……听到这样的话，只要对方不是特别讨厌你，也会立刻喜欢你的。或者还可以暗示对对方感兴趣。比如，“你的个性怎么样”“中午吃的什么呢”“有没有孩子”……对对方的这些细微的问题表现出兴趣，就暗示了你喜欢对方、关注对方，也就更容易得到对方的喜欢了。

你还可以把你对他的喜欢、尊敬，诚恳地告诉第三者，比如你们共同认识的人。一旦该信息传到对方耳中，他对你的态度一定会变得更好。总之，“喜欢是会传染的”，只要你表现出喜欢对方的样子，往往就会让他对你产生好感、接受你。

当然，我们不可能对所有接触到的人都抱有好感，但即使我们不喜欢一个人，也最好不要表现出来。非指示治疗法的创始人 C. R. 罗杰斯曾经说过：“心怀‘无条件的好感’去面对对方吧！对方必会敞开心扉，对您怀有好感。”当你面对一位抑郁的初见面者时，可以反复在心中默想：“他是好人！”这种感觉不知不觉地也会感染对方，使其心胸敞开。相反，如果我们想：“真是个讨厌的家伙”，原本不怀敌意的对方就会真的如我们所想，变成讨厌的人，就会对我们怀起敌意。

扩大影响的法宝

——依靠个人魅力潜移默化改变他人

有时你的外在形象就决定了人们对你的态度

在古代，服饰的样式与材质曾是判断一个人性别、年龄、身份、地位甚至宗族的标志。即使今天这些标志已经不一定可靠了，但人的外在形象仍然发挥着“另类”话语权的作用。因为当我们参与交际，出席一次重要的活动时，穿什么样的服装，如何修饰，具有一定的当众表演的特征，也可以看作穿着者与接受者（交际对象）的一种对话。

例如，在健身房浴室洗蒸气浴，如果进来一个满身大汗的胖子，你可能会和他聊起运动对身体的种种好处。但如果那个胖子正好是个著名的心血管病专家，当他穿上一身白大褂、挂上专家的牌子，而不是赤条条地出现在你面前，你一定不会说些“运动有益心肺功能”之类班门弄斧的话，因为这个专家的形象就明确了你们双方谁在这个问题上更有发言权。

这就表明，一个人的外在形象不同，别人对他的态度可能是大不相同的。大多数人都是通过一个人的外在形象来确定自己及他人定位的标签的。

所以说，内在固然重要，但外在形象也绝不容忽视。得体的着装和装饰可以展现给人们你的能力与社会地位，让你可以借助形象更好地表达出自己的意愿，帮助你在他人心目中树立威信。

但是，尽管多数人都明白外形对塑造自己形象的重要性，而且也花了不少的心思打扮自己，想给人留下良好的印象，却有绝大多数人并没有达到心理预期。有时候还会弄巧成拙，非但没有给周围人留下一个良好的印象，反而会让别人对自己留下负面印象。

那么，到底应该如何打造自己的外在形象，赢得气场呢？

衣着塑造上：准确定位

你的衣着应当与职业、所在企业的文化与环境、目前的专业和职务、同事的情形等因素相吻合，尤其是职业和专业特征一定要准确。只有这样，你才能具有你所处的那个职业的应有的气场。例如，如果你希望在外资企业中谋的营销经理一职，应聘时穿的过于休闲就不合适。而如果你是一个网球教练，西装笔挺，会让人以为你名不副实……

1988 年的美国总统竞选中加里·哈特的失败就给我们提供了一个反例：

在乔治·布什粉墨登场之前，大出风头的其实是加里·哈特。但正当他春风得意之时，却被记者拍下了与漂亮的全美大学优秀生联谊会成员唐娜·赖斯偎依的照片。同时，新闻舆论界就哈特爱穿“红裤子”这一点，大做别出心裁的文章，他们说：“穿着红裤子的花哨的参议员，是否适合坐在白宫？”这一质问，看似平平淡淡，实际上力重千钧。

在这一“桃色新闻”中他幸存下来的竞选总统成功机会所剩无几，哈特一败涂地，狼狈地退出了竞选。

其实，身着红色的裤子是哈特的爱好，他试图在竞选期间向人们展示他的活力，以此来引起选民们的注意，从而在竞争中取胜。但是实际上他已误入了颜色的交际误区。红色在英文中表示“活泼”这一意项，但还有其他的意项，如“红色”与“色情”有很大的关系，英语中的“Red Light District”是“红灯区”之意，表示妓院集中的地方。红色象征着女性，又象征着爱情，人们常常把爱情之梦说成是玫瑰色之梦，发生爱情风波被称为“桃色新闻”。而哈特在这角逐竞选的非常时期身着红裤子，自然会使人们一下子把他同“桃色新闻”联系起来。

另外，一条“红裤子”本身并说明不了多大问题，如果是穿在少男少女们的身上，无可厚非，但是穿在哈特身上就不一样了，人们自然而然地把他同未来的美国总统联系起来："简直不敢设想，美国总统会穿一条红裤子在白宫办公。"后来，美国及一些国家的政界要人都以哈特为教训，在面对公众时，非常注意自己的仪表风度。

事实上，虽然没有人规定一个人应该穿什么衣服，但每个人自己都应该知道，他所属的等级层次和他的职业环境中的人，通常应该怎样穿着。

整体形象上：合理搭配

在人们心目中，特定的职业和岗位已经被贴上了标签，就是特定职业和岗位的从业人员应当是一个怎样的形象，大家已经有一个基本的共识，比如说到军人，人们头脑中首先反映出的形象就是干练、整洁、雷厉风行，等等；对于美术工作者，就会反映出不修边幅、傲慢、不苟言笑，等等，不同职业在人们心目中都有各自的特点。

因此，除了着装方面需要注意之外，还应该善用发型、配饰，甚至身姿等"画龙点睛之笔"。例如，一位警官学校的教官对警员的动作规范要求很严格，有人说这是"表面文章"，但警官不以为然："不错，我们的确要教警员运用'身体语言'，例如站立的姿势、走路的姿态，以及在某些情况之下该采取什么态度。这种训练绝对有反馈作用。他们站得越直，就越觉得自己又正又直；他们的动作越有力，就越觉得自己很强大。而且，身为警察，你的姿态适当与否，直接影响到别人对你的信赖和敬畏程度。简单说，做警察就是'要像个警察的样子'。这种形象不是一夜就练成的，而是必须持续不断地训练下来的。"

通常情况下，如果你的职业比较正统，你可以选择一个中庸的发型；如果你的职业比较另类，那就另当别论了。一个有点特色的发型，会使你给人一种新潮、印象深刻的感觉，但是不一定会有很多的人欣赏。如果你的职务和职业变化不大的话，就不要随意地改变发型。如果选择美术职业，留一头披肩长发或光头都很好，再随便一些，不怎么修边幅，或许人们就会认为你是一名高手；如果选择教师职业，即使是美术教师，以美术工作人员的形象出现就很不好，应当文雅、得体，像一个人类灵魂工程师的样子。这些细节也许看上去不起眼，但却很容易给人留下深刻的印象，从而使你的形象在他人心目中定位，使你显示出职业化人士的气场。

那么，就从现在开始吧，学着改变你的外在形象，让优秀的外表助你一臂之力！

自身能量的释放与你所处的环境息息相关

心理学认为，人是一种有“领域感”的生灵，他自身能量的释放与才华的发挥同他所处的环境是息息相关的。因此，利用环境来扩大自己的影响力、增强气场，也是人际沟通中的一个重要手段。

这主要分为三个方面。

一是尽量出入高级场所

置身于什么样的环境中，你差不多就是什么样的人。英国首相丘吉尔也说：“我们塑造了建筑，而建筑翻过来也影响了我们。”事实上，注重气场的成功人士大都是非常善于利用场所来烘托自己的人。例如，原台湾首富、国泰集团董事长蔡万霖和他的哥哥蔡万春向来都遵循着这样的原则：宁可住大饭店的小房间，也不去住小饭店的大房间。

同样，我们也可以将其作为建立自身形象、获得心理优势的工具。那么，在生活与工作中，我们应该怎样利用场合来彰显我们的身份和地位呢？

交际与消费场所的话，成功人士的选择标准通常是：第一是豪华，其次是知名度高，三是有品位。按照这条标准，五星级饭店就成为高层社交的中心舞台。不少企业举行签约仪式、进行商务谈判等，几乎不需要再花精力考虑场地，选一家五星级饭店就好了！

另外，作为一种权力与实力的直观表现，企业家的办公室也必须与他们的身份相适应。首要的特征就是要大，面积的大小与权力、实力成正比，足够大的空间在彰显主人的统治地位的同时，还能给谈话带来庄严、肃静的感觉。空间的布局也具有细腻的心理提示作用，比如说漫长的走道，过渡性空间与屏蔽物，办公桌正对着来人的方向，桌椅浪费性地摆放在房屋中央，这些看似不经意的地方，无不蕴含着明显的权力和财力的信息。

二是尽量约在自己的地盘

动物研究者曾发现：狮子的战斗勇气与所处位置密切相关，越是靠近它的地盘中心，它的勇气就越强。其实人也一样，在自己"所辖领域"内与人交往，因为无须去熟悉周围环境与气氛，成功的可能性就大。反之，在自己不熟悉的地点与气氛中同别人交往，往往容易变得无所适从，注意力不集中，结果导致失利或失败。一个最佳实例就是主客场制的足球联赛。打主场的球队似乎取胜的希望就大一些，这是因为他们身处自己适应范围的领域内，能够充分发挥自己的潜力。当然，观众的欢呼声与队员对球赛的适应性都能影响到比赛的胜负。但更重要的，是那种眼睛无法看到的独特气氛，这种独特气氛会很微妙地在两队选手心中反映出来，支配他们的表现。

因此，我们在与人见面时，最好是能选择一个自己习惯或熟悉的地点，即使不能做到这点，至少也应要求在一个双方都未曾到过的地方，也就是中立地带见面。这样，才能消除自己心中的不安情绪。

三是故意制造恶劣的见面环境

良好的环境使人流连忘返，而恶劣的环境使人求解脱，这种力求解脱的愿望可能转化为达成协议的努力。托马斯·杰斐逊在其晚年写给朋友的信中就曾说过：《独立宣言》签字的独立厅就在马厩的隔壁，七月天气非常的闷热，到处都是苍蝇。代表们穿着短马裤和丝袜参加会议，一边发言，一边不停地用手拍赶走腿上的苍蝇，苍蝇搅得代表们心烦意乱。最后，代表们决定立即在《独立宣言》上签字，以便尽快离开那个鬼地方。

让对方处于不舒服的境地，他的气场就会下降，更容易被你所操纵。主张《独立宣言》尽快发表的一派，特意把会议大厅安排在一个大马厩的旁边，意在制造逆境，促使另一派同意尽早签字。果然不出所料，他们的精心安排奏效了。

此外，选择什么样的桌子和人员的座位的安排也有讲究。方桌：比较正规、严肃，但缺少轻松活泼的气氛，甚至给人一种对立的感觉；圆桌：双方团团而坐，给人一种双方供求一致的印象，并且彼此交谈容易，也有助于创造一种和谐的气氛；不设桌：则可以营造一种轻松、随便的氛围，但却给人一种不太正规的感觉。对于人员的位置安排，一般说来，双方人员各自坐在一边比较合适，它不仅从心理上产生一种安全感，增加气场，而且有助于查阅一些不便让对方知道的材料。

四是善于在别人的地盘上表达自己的权力

虽然从心理上来说，在别人的地盘上我们似乎注定了“被威慑”的命运，但不过我们也可以通过一些训练，来提高自信和对抗的能力。一个训练方式是：进入别人的办公室时持积极、主动的态度。走进办公室的方式很多，可以先敲敲门，等里面说一声“进来”才推开门进去。如果你一向用这种方式，恐怕你的自信已经有加强的必要了。

最主动的态度是不敲门就进去。你把门一揪，一直走到里面那个人的办公桌前，说话时保持站立、俯视的姿态。这种行为容易被看作是“不礼貌”的，因为它似乎侵犯了对方的领地，所以一般只有上司才习惯这样做。

这两种方式之间有极大的差别。介乎其间的还有其他方式，例如，敲一下门，不等里面的人说“进来”就推门进去；或是不敲门就进去，但是进去以后就站在门边；或者不敲门就进去，然后一边讲话一边走到办公桌旁。

你可以从自己习惯用的一种方式估量出你的心理状态。如果你的方式倾向于胆怯，可以改用比较积极的态度，经过几次实地训练，你对这种比较积极的态度就能够泰然自若了（即反馈效用产生了），此时，你就可以再走出更为积极的一步，你也就拥有了更为强大的气场了。

总之，双方见面地点的选择往往涉及很多心理方面的因素，有利的地点、场所能够增强己方的地位和说话的力量。

使用空间的方式，也会发出意义深长的信号

不仅见面的地点会影响沟通双方的心理，我们使用空间的方式，也会发出意义深长的信号。空间掌握得当，就可以给你极大的优势。

有效利用空间内的装饰物品

不管处于什么样的环境之中，人们都睁大着眼睛，仔细打量着别人身边的大大小小的物品，将每一个细节摄入眼中。只不过，这些物品都是一种中介，多数人对它们不会有持久的兴趣，最终的关注点都转向了它们的主人。人们根据这些物品所释放的信号，建立起或者进一步丰富对它们主人的印象。例如，随便走进一家小店，也许你就能看到店主与某个官员或名人的合影照片，抬头一看，赫然发现，店名竟是某位领导或大帅的墨宝。打开某个公司的网站或期刊，大人物的题词更是醒目地映入你的眼帘。在大大小小的会议上，主持人会突然宣读刚收到的某位位高权重者发来的贺电。这些信息无不是在提醒着眼前的观众听众，这家公司、这个老板是有背景、有靠山、有能力的。

事实上，任何人都或多或少的拥有一些代表自身荣誉的物品，如名片、证件、照片、信函、勋章，等等。如果你是有心人，这些东西都是你可以利用的道具，让它们为你的气场加分、为你的成功助威。

但一个关键的问题是，如何把这些能够代表你荣誉的物品，摆放在适当的地方——家里、办公室、身上、皮包里、汽车上，等等——一切你的目标受众能够方便地、自然地看到的地方，又不会给人刻意炫耀的感觉，让人反感。

例如，词作家张俊以曾在吉林省辽源市文联工作过一段时间。那时他还没有什么名气，因为和歌厅老板们相熟，他常到歌厅里推销自己写的诗歌。有一回，他碰到了来这里“走穴”的李谷一，两人合了一张影。这张照片成了张俊以的护身法宝。不过他炫耀的方法很巧妙：不是直白地拿出来让别人看，而是装作不经意地让别人发现，然后再进行介绍。

如果你去国外旅游时，带一些具有当地特色的纪念品和品牌产品回来，可以摆放在家里或送给朋友，等于巧妙地告诉别人自己曾经出国一游；或者与别人谈话时，面前摆放着一两件带有某政府机关、跨国公司或豪华场所标志的便笺、铅笔或记事本，说明你与这些单位联系紧密，或者经常出入这些地方；此外，使用打上了某次重要会议标记的保温杯，背着印有某知名企业logo的挎包，也能让别人对你的背景、社会关系产生美好的联想。

与人沟通时，占据背光位置

如果你想让自己显得更加威严有气场，那么占据背光位置，便可让你产生威慑效果。

因为站在反光线的位置上，不但可给予对方有目眩的物理效果，同时也能产生各种不同的心理影响。首先，在背光位置上站立的形象，正如同摄影时拍剪影一样，让对方无法认清自己的表情。相反地，对方的形象却被阳光照遍了各个角落，因而暴露了身体的每一部分，仅凭这一点，就会使对方惶恐不安了。何况，置光于后的形象，也能与光融合为一体。使对方对自己产生比实物更大的印象。这种后光照射的状态，首先能使自己在精神上压倒对方。

如此一来，双方往往尚未“交战”即已分出胜负。现在许多单位招聘人时的面试中也会用到这种技巧。主考官坐在房间的最里侧面向着门口，应试者则背向着门口，在主考官对面坐下来。在这种情形下，应试者由于背向着门口，心理非常不安。而主考官可以借着这种不安的心理状况所呈现出的反应，了解受试者内心的想法。

因为有这样的规律，如果你想向别人暗示自己的优势地位，就要使自己处于不受光的位置上，例如在房间内尽量坐在某个角落，而不要坐在中间。

当然，也不要站在感受不到光线的暗阴上。这样，在对方似乎更为强大时，利用光线的效果，就能从心理上战胜对方，确保优越的地位。

掌握好你与他人之间的距离

威严需要距离，亲近则产生轻慢。法国的戴高乐就曾说过："伟大的人物必然会与别人产生距离，因为没有威信就不能树立权威，没有与世俗的距离就不能产生威信。"

可见，如果你希望树立权威，赢得他人的尊敬，就需要与人保持一定的距离。但是对于这个距离的把握也是有一定技巧的，我们可以参考以下原则原则，那就是：

保持不远不近的距离。距离太远或太近，都是与威严无益的。据说马戏团里的驯兽者在驯服狮子时就要始终保持不近不远的距离，才能随心所欲地驯化。如果距离太远，狮子会蔑视驯兽者的存在，但如果太近，就会使狮子觉得受到侵犯而反过来攻击人。行为学里将这种刚好可以避免狮子攻击的距离称为"临界距离"。要想让他人像狮子一样听任自己的支配，就应该事先掌握好临界距离，以使对方能强烈地感受到你的存在。在下达指示时，时刻注意保持这种距离，这样就可以提高对他人的控制力。

运用等距离沟通。俗话说："领导偏心，部属寒心。"真正有效的沟通应建立在平等的基础上，如果沟通者之间无法做到等距离，其间所进行的沟通一定会产生相当多的副作用，不仅不会产生威严，反而会让其他人产生对抗、猜疑和放弃沟通的消极情绪。有"打工皇帝"之称的唐骏就自有一套"圆心理论"，他认为公司总裁是圆心，所有的员工构成圆周，总裁与员工必须是等距离的。有人曾评价唐骏说："唐骏式聪明使他就像里根一样，有着演员般清晰的角色意识。他在盛大四年，几乎从未进过下属的办公室，几乎从未和好友陈天桥私下约会相处，他的圆心理论一直印证着这种距离感。"

总之，想要在人际沟通中保持自己的威严，形成强大的气场，就要善于利用空间，使自己的影响能力得以充分发挥作用，这一点是非常重要的。

自信心所散发出来的力量会震慑全场

容貌在沟通中的作用，我们不可否认。但还有一种人，他或许外表并不出众，可他周身散发出的种种气息不知不觉地就会征服众人，不管是男人还是女人，都喜欢与这样的人交往，因为与之沟通代表了一种轻松无压力令人心神愉悦的相处方式。

事实上，这种令人心神愉悦的气息，就是自信。现实生活中，我们都见过一些身体特别高或特别矮，或者超级胖子这样的人，你可能注意过他们之中有些人的态度是那么从容自得，充满自信，我们深受吸引，根本没想到把他们和一般社会上的标准做比较。

然而，我们中的大部分人都无法激发出这种自信的气场，很大一部分原因不是我们的内心缺乏渴望，而是对自我和对他人的认识不足，从而在人生的关键之处做出错误的判断和选择。

对自我：

（1）弱化缺点

美国心理学家汤姆·季洛维奇曾经做过这样一个有趣的实验——他将学生分成数组，在一个实验室里分别做着互不相干的一些任务。随机抽取一组学生，让其穿上特别令人的尴尬的 T 恤（印着巴瑞·曼尼洛 Barry Manilow 的囧像），任务结束，调查学生们注意到巴里曼尼洛的情况。结论是，穿着尴尬 T 恤的学生认为 50% 的人注意到了他们的窘境，但实际是仅有 25% 的人注意到了他们的尴尬 T 恤。而且，将此次实验的录像重播给别的未参见该次实验的同学看时，注意到这些尴尬 T 恤的人也只有 25%。

穿着尴尬 T 恤的学生的这种心理感受，在心理学上被称为“焦点效应”，也叫“聚光灯效应”。它产生的机理就是人们想当然地认为别人会过度地关注自己引起的。

事实上，“聚光灯效应”只存在于你的头脑中，而非真实情况的反映。当你过于强化自身的缺陷时，提醒自己：别人的注意力并不在你身上。换句话说，你觉得很囧，但别人可能压根都没注意。仅此而已。

（2）放大优点

心理学中有一种“光环效应”，即由于对人的某种品质或特点有清晰的知觉，印象较深刻、突出，从而爱屋及乌，掩盖了对这个人的其他品质或特点的认识。这种强烈知觉的品质或特点，就像月晕形式的光环一样，向周围弥漫、扩散，所以人们就形象地称这一心理效应为“光环效应”或“晕轮效应”“月晕效应”。它是一种影响人际知觉的因素，如果用在自我知觉上，同样可以让你对自我形成一种以点概面或以偏概全的主观印象。

其实，生活中，特别是不自信的人，往往是把优秀的标准定得太高，而对自身的优点却视而不见。事实上，每个人都不是一无是处的，每个人都拥有一些小小的优点（比如可以把名字写得很好、可以把屋子收拾得很干净等），如果你能够发现自己的优势，并一点点放大，你就能够在自信中充分释放出自己的力量。

对他人：

（1）不刻意讨好

大家都渴望获得力量来充实自己的气场，强大而富有磁性的气场是良好人际关系的通行证，且可以喝阻人生中各种各样对你不友善的压力。于是大家通过各种方式去实现它，随之出现了各种误区。例如，有些人就企图用刻意讨好对方来获得重视。

其实，这是愚蠢的做法。因为沟通是人与人在平等人格的基础上互动交流的结果，过于谦卑乃至丧失了独立人格，自己都不尊重自己，也很难获得别人的尊重，无形中也就破坏了自己的气场，自然会被别人看轻和忽视。

而且，无论你付出了多大的努力，即便你做得近乎完美，就像你在奥运会上拿了金牌，就像你已经是世界级的明星了，也会有人不喜欢你，还会有人向你发出嘘声，甚至扔臭鸡蛋。因此，与其把精力一味地花在献媚别人，无时无刻地顺从别人上，还不如把主要精力放在踏踏实实做人、兢兢业业做事上。

（2）专找对手弱点

在这个强调胜负的世界中，有所准备的心理与态度比自身的实力具有更大的决定性。如果你对对方的能力评估过高，在心理上你的斗志就已经萎缩；在还没有踏上战场之前，已注定了失败的命运。

其实，何必受对方能力的威胁呢？就算是对方的能力高出自己，只要你的心理处在彼此对等的状态，往往能出乎意料地发挥潜力，从而制服强大的敌人。如果你事前慑于某人的声威，而感到心理上受到压力，在彼此见面的时候，你可以仔细观察对方的仪容、服装及谈吐，借以发现他的缺点。一旦发现了他的缺点，你便能由被动地接受评价转为评估别人的主动地位，压力带来的紧张瞬间就会自然消除。

即使对方的这个弱点并不致命，甚至算不上什么真正的弱点，你也难以利用它，但是发现对方的弱点，会大大减轻你的压力和恐惧心理，使你感到轻松些，你的气场也会增强些。比如你要和一个难缠的对手谈判，他的耳朵长得不周正并不能帮助你获得胜利，但是你可以这样想："这个可怜的家伙，这只耳朵一定让他很自卑，说不定他这么难缠就是自卑感在作怪呢。"这样你就不会被对手吓倒了。

利用这种心理，不管初次见面的对象是什么人物，你都可能在心理上与对方站在平等的地位上。如果你处理得当，还可望处于优势呢！

正如罗斯福夫人所说的："没有你的同意，谁也不能让你觉得自己差人一等。"不管你到底够不够资格当封面女郎或健美先生，你永远可以持"我是最好的"这样的态度，不必显出任何羞愧、尴尬或压抑的样子，如果你能培养出一种珍惜羽翼、自爱自重的态度，你就能将你的自信传达给别人。

所谓气质，就是将适合的状态发挥到巅峰

一个人与另外一个人最大的区别不是能力，不是年龄，不是金钱、也不是家庭，而在于状态。当你处于巅峰状态时，你乐观、进取、热情、努力、智慧，但当你处于挫败状态时，难过、伤心、沮丧，气愤。而这一切情感的流露都是通过你的身体语言（眼神、姿态，甚至包括呼吸）无声地传达着。

例如一位心理医生就曾说过：“一个人的心境和身体语言有极密切的关系，大部分的病人到我这儿来，连门都不必开，只要看他们站的样子、坐的样子，就可诊断出他们的病症。”一家豪华餐厅的领班也曾说：“只要看客人走路的样子，我就知道他有多大能力，而且我可以看出他会给多少小费。有钱有势的人走路就是不一样。”

古代南朝宋时的刘义庆所著《世说新语》里记载过曹操的一件逸闻，说的也是这回事：曹操被封为魏王，将接见匈奴使者，自认为形貌不够“酷”，不足以让远方国家敬畏，于是让手下人代替他接见，他自己则执刀站在旁边。接见完后，曹操派人问匈奴使者对魏王印象如何？使者说：“魏王很威风，但旁边那个执刀的人，更显英雄气概。”曹操虽然打扮成下级，但是他的超出常人的领导者气质却无法掩饰，因为那是内在的流露。

可见，我们的身体语言确实可以显示我们的气场，因此，我们有必要设计自己的状态，优化自己的气质。事实上，许多天才的企业家也会请专家对自己走路的姿势、说话的语音、演讲时的技巧甚至手势、衣着与化妆、礼节常识，等等，进行精心设计与练习，有的人甚至因此请专门的公司进行培训。正是通过细致地研磨，慢慢地雕琢，精心地设计与练习，刻苦地修炼，他们的言谈才那样出

众，举止才那样得体，他们才从一只只丑小鸭变成光彩照人的白天鹅。

我们可以在下面这几个方面做出努力：

眼神

在与人交流中，目光的交流总是处于第一位的。而眼睛在传情达意的时候，不仅因不同的内心世界而有所不同，也会因各自的修养不同而有不同的神态，在眉宇之间有自己与众不同的表达方式。在平时，你可以将自己所喜爱的，认为极富魅力的明星照片放在随时可以看到的地方，并对它们经常观察。坐到镜子前，看看你眼睛的形状和光亮度，它们适合哪种眼神，做各种媚眼、平视、瞪眼、斜眼等动作，找到令你感觉最好的媚眼、平视、瞪眼等动作的神态并加以训练，等你习惯以后就会不自觉地运用它们。

表情

人的面部有 80 多条肌肉。站起来，做不同的笑脸，如媚笑，可爱的笑，精灵古怪的笑，奸笑……是不是内心感觉不一样。反之，你内心的情感也会通过面部表情流露出来。当你认识到这一点时，请你站到镜子前面，发挥你所有的想象力和表演天才，做出你所能做到的各种笑容，然后挑出你最满意的几种经常加以训练，这是一个熟能生巧的过程，往往要经历缺乏情感和生命的阶段，但为时不会太长你就会发现获益匪浅。

动作

身体每一部分的动作都可以表达出你的气场。比如，有权力的人体态大致是比较挺拔的，行动之间也会显出一种自负，他们走路的步子虽不大，但很稳，通常还带有几分傲气。同时，也会从手势上反映出内在力量，伸手、摆手都不会有迟疑或没有把握的意味。甚至于他静止不动的时候也能表现力量。有些人可以稳如泰山地坐着看别人在他四周走动，这种稳定就是力量的表现。

而且实际上，身体语言和人的个性是相互影响的，是一种连续不断的循环。如果你在身体语言上表现得比平时积极，就会反馈到你的个性上，你会感觉自己更积极了。同样，如果这种感觉让你在行动上表现得更突出，行动就会又影响到心理了。我们的身体语言会反映内在自我，同时也会由反馈机能影响内在自我，并且向周围的人传达出自己的气场，暗示别人，自己是怎样一个人。

因此，若想要提升自己气场，就一定要改进自己身体的动作。你必须客观地从他人的角度来观察自己：走路的步子是否稳重果断？你突然面对一个新情况时会犹豫吗？第一次走进某人的办公室，第一次到一个新认识的朋友家，你会自如吗？你的手势是否不清楚、不确定？你握手时很有力还是软而无力？别人对你的动作和走路姿态有什么意见？认清这些，有助于你了解自己留给人家的印象，更有助于你修正自己的行为动作。

呼吸

气场状态和呼吸节奏也是一一对应的。不信想一想，当你怒火冲天或者被吓坏了的时候，你的呼吸一定是和平时不一样的。

每一个气场状态（身心状态）都有它特定的呼吸节奏。那些精力充沛、气场强大的人，他们无一例外是懂得“完整呼吸”的人，他们呼一口是一口，吸一口是一口，呼吸的速度很稳定，而且总是呼吸得很深。而气场比较弱的人往往不是呼吸不规律，就是呼吸很浅。

因此，你应当有意地记住自己表现最佳时的呼吸频率（一般来说，这种呼吸状态，很深，很慢，很有节奏，很像一个大钟的钟锤在慢慢地、有节奏地摇摆），并且有意识地去练习这样呼吸，并让它成为一种习惯。那么当突遇变故，你即将火冒三丈或者手足无措的时候，你也能有效控制自己的呼吸频率，以防自己突然呼吸急促或者喘息起来。

总之，我们应该有意识地在他人面前维护自己精力充沛、气质超凡的形象——挺胸收腹，双肩后倾，仰起下巴，面带微笑，眼睛里闪烁着自信的光芒。当然，要想天天表现出这样的神情是不可能的，但是我们应当朝这个方向努力。当这种状态被牢牢地刻在你的记忆里，成为你的一部分时，你也就真正拥有了属于自己的独特气质。他人会因之而对你改观，或许你的人生也会随之而改变了。

"藏好底牌"，无形中会增强自身的神秘感

沟通中，如果为了制造某种压制对手信心的气场、树立强有力的形象，而把你所拥有的全部本事都使出来吧，好好让对方见识一下——这是不是个好主意呢?

其实不管你的实力是否足以吓住对手，这都不是一个好方法。你要知道，已知的敌人永远比未知的敌人好对付。

在一个小镇上，一个旅人丢了马。他跑到街上大喊："如果那个小偷不把马送回来，我就不得不像我父亲那样干了！"

盗马贼害怕了，把马偷偷送了回来。有人很好奇，问这个人："你父亲是怎么做的？"

这个人回答："他把马鞍子扛在肩上，走回了家！"

可以想象，如果他把话一起说完，那匹马一定不会回来了，因为——他的威慑力消失了，他的气场萎缩了！

藏好底牌，这是连每个赌徒也都知道的道理。因为一个人能否赢钱，除了是否抓到一手好牌以外，主要看对手是否判断错误。制造一些虚虚实实的假象，诱骗对方上当，你才能赢得更多。

一方面，大牌在手时，低调隐忍

苏联苏霍姆林斯基有一句名言："谦逊为一切美德的皇冠。"古希腊哲学家苏格拉底说："谦虚是藏于土中甜美的根，所有崇高的美德由此发芽滋长。"在沟通中，谦逊不仅是一种修养，一种美德，更是一种策略。

现实生活中，不少人骄傲自负、恃才傲物，对某方面不如自己的人，要么不屑一顾，要么恶语相向；更有甚者，以己之长量人之短，以己之聪明衬人之笨拙。例如，在工作上，许多人喜欢凡事必讲大排场，提大口号，定大目标；有的事情还没有做，就开始说大话，刚刚干出一点成绩，就心浮气躁，忙着上报材料，总结经验，推广做法；等等。这样的人看似聪明，实际上却是最愚蠢的人。

纵然敢于表现无可厚非，但也一定要看具体的场合和情况，要知道在什么情况下“沉默是金”。大人物是该表现的时候表现，但该隐藏的时候也能很好地隐藏。他们对别人往往有神秘感和悬念，莫测高深，而不是清澈的河水，让人一眼就看到底。正如戴高乐将军曾经说过的话：“真正的领袖人物要幽居，伟大和超脱，要神秘，有时则要沉默寡言。”如果你不说那么多话，反而让人猜测你有多高的水平，而且少说话可以使你有时间静静地思考，使说出来的话更精彩。

另一方面，小牌在手时，虚张声势

有时候，我们也需要装出一副气势汹汹的样子或者夸大自己的能力，并营造种种氛围使对手胆怯，往往能唬住对手，从而反转局势。其实这就是虚张声势的效果。

最常见的行为就是“吹牛”。但这个“牛”一定要“吹”的适当。如果一个小个子非要给人留下“斗士”的印象，结果只能是自取其辱。而且，一旦获得了“吹牛者”的名声，那么他就成了那个大叫“狼来了”的孩子，再说什么也没用了。你要知道，吹牛本不是目的，获得他人的重视和尊敬才是目的。如果谈话内容不能为你争取这些，或者在此时此地用不着重视（如在萍水相逢者中间），就千万不要玩弄这一手。如果不顾一切胡吹一气，恐怕只能说明你在大话纺织的梦幻里自我陶醉了。

大声说话，也是沟通中“虚张声势”的一个招数。例如，中国古代战场上双方对垒时，都会擂起战鼓，声音越高，士气就越旺盛，士兵斗志越强。鲁国与齐国打仗，就先让齐国擂鼓，开始时，鼓声惊天动地，齐军士气高昂，鲁军却按兵不动。渐渐地，齐军战鼓声越来越小，士气也就渐渐低下去，这时鲁军猛擂战鼓，一鼓作气，将齐军打得狼狈而逃。

声音宏大而响亮的话，可以给对手有信心的印象，自己也能借此产生坚强的信心，进而获得意料不到的效果。在辩论或争吵中，有人会不由自主地提高自己的噪音，以期盖过对手，这就是对“嗓音可以增强信心”的本能利用。关键时刻，你的声音就是武器。响亮的声音可以给你勇气，而默不作声只能增加你的恐惧感。

相持中，身体摆好架势，也是增强信心、震慑对手的一种武器。例如体育比赛中，运动员有时为了增强战胜对手的信心，会有意识地昂首挺胸，做出不畏一切的样子。谈判中，这也能产生震慑对手的效果。

另外，你要注意：“虚张”也是双刃剑，弄得不好反会弄巧成拙。比如出虚张迷惑对手，却使同伴被误导。所以古人说：诈巧不如拙诚。这类手段不得不用方用，但是也不可常用。

通情达理，你的情商就是你的影响力

在这个世界上，没有谁可以完全不必在意别人的看法。因此，一个人，除了能清楚地表达自己的感受外，还必须能设身处地考虑他人的情感感受和行为原因，具备换位思考的能力和习惯，理解和认可情感差别，能与自己的观念不一致的人和平相处，理解别人的感受，察觉别人的真正需要，具有同情心。简单来说，也就是我们平常所说的“通情达理”。

而这恰恰是高情商者的一个最显著的表现。

美国有一个叫克林顿的人，开了一个齿轮厂，由于他为人宽厚善良，慷慨体贴，善于交友，并跟客户保持着良好的关系，因此生意一直很好。不幸的是，这时突然爆发了一次经济大萧条，有将近 90% 的中小企业都倒闭了，而他的生意也不可避免的一落千丈。

克林顿觉得举步维艰，便想让那些朋友、老客户给出点主意、帮帮忙，于是他写了很多信。可是，等信写好后他才发现，自己居然连买邮票的钱都拿不出。这件事提醒了克林顿，他想：自己都没钱买邮票了，别人的日子又能好到哪里去呢？可能没人舍得花钱买邮票给自己回信。然而，假如没有回信，自己又怎么能得到帮助呢？想到这里，克林顿有了主意：他变卖了家里的一些东西，用一部分钱买来了邮票，贴在要寄出的信上，并且在每封信里附上 2 美元，作为对方回信的邮资，希望对方给予指导。

克林顿的朋友和客户在收到信后，都大吃一惊，因为 2 美元能买的东西比一张邮票多得多。大家都被感动了，他们记起了克林顿平日的种种好处和善举。很快，克林顿就拿到了一些订单，还有朋友来信说计划给他投资，一起做点儿什么。

不久之后，克林顿的生意就恢复了生机，克林顿也成了在这次经济萧条中，少数几个站住脚而且有所成的企业家之一。

克林顿的经历就在向我们展现一个高情商者的魅力，他能“准确理解他人”并“准确表达他人的思想”，并利用他人的情绪，从而提升了自己的影响力，助力自己成功。

不过，高情商的形成，绝非易事。现实生活中，我们经常抱怨自己不被他人理解，其实，换个角度去想，别人可能也有类似的感受。当我们希望得到他人的理解，心里说“他为什么不能站在我的角度想一想呢”时，说不定正是你的“通情达理”能力需要提升的时候。

以别人的心境去思考问题

要想做到通情达理，一个最关键的因素就是学会“移情”，即从对方的立场来看事情，去“理解”别人的想法、感受，以别人的心境来思考问题。举一个简单的例子。丈夫忽然心脏病发去世，妻子料理完丧事，疲倦且悲伤地回到家后，就开始面对亲友日复一日的关心询问：“他是怎么死的？”“你怎么没有及时呼救？”“之前你们夫妻吵过架吗？”“天哪，怎么会发生这样的事！”还有“你要母兼父职，好好照顾小孩”的训诲。后来她看到“来人”就害怕起来，“我最需要的，是沉默的体谅，但却没有人给我。”她说。

不可否认，这些人的出发点当然是关心，但对处于情绪低潮的妻子，却造成一种伤害。这是因为他们的换位思考缺少了“移情”这一个根本要素。他们或是站在自己的位置上去“猜想”别人的想法及感受，或是站在“一般人”的立场上去想别人“应该”有什么想法和感受，或是想当然地假设一种别人所谓的感受。这样的换位思考，其实仍局限于自己设定的小圈圈之中，无法体验他人真正的感受和思想。真正的换位思考必然是一个“移情”的过程，要从内心深处站到他人的立场上去，要像感受自己一样去感受他人。

通过身体语言了解真正的情绪

除了换位思考，要想做到通情达理，通过身体语言来了解他人的真正情绪也是一种途径。

因为人可以“口是心非”，但很难“身是心非”。与口头语言相比，人类的身体语言表达大多是下意识的，身体语言才是思想的真实反映。以表情来说，表情是心作用的结果，喜、怒、哀、乐等感情很自然地表现于面孔。人类的发展进化过程中，在获得“语言”这种表现手段之前，往往是以“动作”或“脸部表情”来确认彼此的意思而进行沟通和交流的。“频送秋波”“柳眉倒竖”“喜笑颜开”等用来形容脸部表情的词句实在是丰富得令人数不胜数。此外，还包括肢体动作，例如一个人说假话时，有时会不自觉地触摸自己的鼻子。用手指敲打座椅的扶手或者是写字台桌面，表示他心绪烦乱，很不耐烦。双臂交叉搭在胸前，通常表示他不愿意和别人接近，或者表示他很戒备，至少可以说在心理上他想离开你远一点。等等。总之，当你学会了破解身体语言中的情绪密码，你就能感知到对方的真正状态了，这样才能知道进退，不仅会使沟通变得更加顺畅，也使事情进展得更加顺利。

善于以良好情绪去感染别人

体察他人的情绪是我们必须要去做的，而如果再能够合理地利用他们的情绪，那么你的事业一定会如虎添翼，取得更有效的成绩。这就需要你做一个善于以良好情绪感染别人的人，善于鼓励、激励别人的人。

一次美国大学生橄榄球赛上，夏威夷大学队与怀俄明大学队对抗。到中场时，夏大队 0: 22 惨败，几乎是溃不成军。在休息室，夏大教练狄克·屠迈看着这群垂头丧气的大孩子，心想，除非调整他们颓丧的情绪，否则下半场不可能扭转败局。

接着，他拿出一张海报，上面贴满了多年来他搜集的剪报文章，每一篇都是从落后分数到扭转败局，最后赢得胜利的故事。

给球员们看过这些报道后，屠迈决定一点一滴地帮助他们重建信心——相信必能扭转颓势的信心。在下半场，夏大队员个个如猛虎下山，掌握全场的主动权，使怀大队未得一分，终场以 27：22 获胜。

人的情绪在某种程度上，都会受到周围环境和人的影响，谁也无法完全避免外在的影响。夏大队之所以获胜，就是因为教练调整了他们的情绪，由沮丧变得亢奋，由垂头丧气变得信心百倍，从而扭转败局。

古人有云："用兵之道，攻心为上。""得人心者得天下。"其实高情商者在与人交往时，用的都是攻心之术。但不管方式如何，如果我们也能像高情商者这样，掌握一些基本的沟通技巧，我们也会成为有影响力的人，这无疑会增加我们的成功机率。

和什么人是朋友决定了你是什么样的人

每个人交朋友都是有所选择的，不管自觉还是不自觉，每个人的“择友”总是有自己的标准的。一些人由于虚荣心的蒙蔽，往往会结交程度不如自己的朋友，这的确很值得自慰，因为借此能产生优越感。不过，为了求取这种名实不符的影响力而不惜与不如自己的人们结交，结果却不一定如你所愿。

俗话说“近朱者赤，近墨者黑”，“近贤者聪，近愚者愦”。人们往往会遭伙伴同化，不管这样做是使自己的层次提高了，或是降低了，其结果必然一样。所以说，我们可以从劣于我们的朋友中得到慰藉，但我们更需要获得优秀的朋友给我们的刺激，帮助我们成长，并扩大我们的气场。

例如春秋时代的“管鲍之交”，历来受人称道。管仲和鲍叔牙，合伙做过买卖一起打过仗，后来一同在齐桓公手下为官。他俩长期合作，结为知心朋友。据史书上记载：他们一同做生意，分钱时，管仲多取一倍，鲍叔牙不认为他贪财，知道他家里穷；管仲曾经为鲍叔牙出主意办事，结果事情办得很糟，鲍叔牙不认为他愚笨，而认为是客观条件不利；管仲三次当官，又三次被罢免，鲍叔牙不认为他没出息，而是认为他没有遇到好机缘；管仲三次作战，三次败北，每至战阵，辄居后队，及还兵之日，又为先驱，别人笑他胆小，鲍叔牙说他“有老母在堂，留身奉养，岂真怯斗耶”；公子小白与管仲有“一箭之仇”，小白当了国君后，鲍叔牙为管仲说好话，并推荐他当了齐国的相国，自己甘当管仲的副手。所以管仲深有感触地说：“生我者父母，知我者鲍叔牙也。”

管仲是位天下奇才，但如果他没有鲍叔牙这个知心朋友，那么他在人们心目中的形象就可能完全变了，变成了贪财奴、怕死鬼、笨蛋、罪臣。这位有经天纬地之才、济世匡时之略，帮助齐桓公建立霸主地位的英雄，也就不可能有出头之日了。

可见，你所选择结交的朋友，很大程度上也会影响你在他人的心目中的形象，他们或者扩大你的气场，或者压缩你的气场。如果将你所在城市的著名人士列出一张表，再把将会对你有所帮助的人，也列出一张表，之后就是每星期去试着结交一位这样的人。不久后你就会惊奇地发现，你的人生会有所改变。

当然，要与优秀的人缔结友情，跟第一次就想赚百万美元一样，是相当困难的事。这原因并非在于他们的出类拔萃，而是你自己容易忐忑不安。要想与优秀者发展友情就要学会以下几点：

尊重对方，不卑不亢

首先要给其以相应的位置，充分表现出对他的尊重恭谨。这是对双方关系的确认和定位，也是对对方的一种尊重愿望的满足，必须严谨有致，不可苟且。但尊重又是有原则的，它会在真情中体现出来。如果不顾原则，另有目的，人格沦丧，不知廉耻，对优秀者就会表现出阿谀奉承来。这表面上似是尊重对方，其实它与尊重是本质不同的。阿谀奉承，虚情假意，夸大其词，别有用心，只能让尊贵者反感、嫌恶、痛恨。本来可以建立友情，但因双方失去真情而无法发展下去。我们也不能排除个别尊贵者好大喜功，乐于听奉承话、看媚态的。但这样的优秀者没有必要与他发展友情。

自然随和，不必拘谨

优秀者无论地位，还是阅历、学识，都高我们一筹。与他们交往，常令我们肃然起敬，有时我们还有一种威压感而噤若寒蝉。我们作为平常人，在这种情势下往往显得动作走形，言语嗫嚅，特别别扭、生硬。其实优秀者也是我们平等的交际对象，也是一种自然的交往关系，我们一方面要尊重于彼，另一方面也立足于自己，守住方寸，保持本色，自然而正常的交往，不必拘谨。这反倒能显示自己的交际魅力，会赢得对方的认可和尊重，优秀者会乐意与我们发展友情。

巧托会配，不可狂妄

从交往的角色来说，优秀者是交际的主角，而我们则是配角，处于次要地位。这是交际现状，也是交际规律，是由彼此交往身份和交际能量决定的。我们要积极支持优秀者，热情配合优秀者，鞍前马后，服从需要，听候调遣。这是合乎交际，现实的，不仅不会损害自己的“身价”，而且会取得优秀者的信任。而如不能摆正这层关系，不恰当地显示自己的能耐，抖弄自己的才华，以至背弃、排挤尊贵者，这往往适得其反。

主动真诚，表露姿态

机会是要主动争取的。优秀者的行为是要与自己身份、地位保持一致的。他们一般不会主动与我们交往，而作为平常人，身份在下，地位比他低，自要主动积极，充满真诚，先迈出一步，做出友好的姿态，这是尊长敬上的美德，也是交际的惯例。

虚心求教，接受呵护

优秀者是力量的象征，在他们面前，我们显得很弱小稚嫩。所以要接受并求得呵护。这一则是我们与优秀者交往所寻求和迫切需要得到的东西，二则作为优秀者，他也会从中获得施与和扶持之乐，是一种自我价值的实现。寻找呵护一要尊重优秀者的愿望，二要适度得宜，不可仰仗、依附于优秀者。这包括恰当的求助及一定程度上的求教。这会获得优秀者的认可，并获取他的友情。

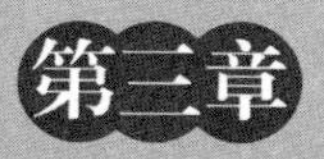

批评指正的方式

——高明的指责容易让人接受

在良好的气氛下，批评更容易被接受

一提起批评这个词，许多人会不寒而栗，因为它给人的印象总是粗暴地训斥和严肃的面孔。

其实，这是对批评的一种误解。批评的目的不是把对方压垮，不是整人，而是为了帮助对方成长；不是去伤害对方的感情，而是帮助他人把事情做得更好。

事实上，在良好的气氛下，批评也更容易被接受。

法国作家拉·封丹曾写过这样一则寓言：在风的家族中，北风和南风一直较着劲儿，它们都觉得自己比对方厉害得多。有一天，北风和南风比威力，看谁能把行人身上的大衣脱掉。北风先刮来一股凛冽的寒冷，想通过更大的风把人的衣服吹掉，结果行人为了抵御北风的侵袭，把大衣裹得紧紧的。稍后，南风徐徐吹动，顿时风和日丽，行人觉得春意上身，开始解开纽扣，继而脱掉大衣，最终南风获得了胜利。

这就是心理学中的“南风”法则，也叫作“温暖”法则。而南风之所以能达到目的，就是因为它顺应了人的内在需要，使人的行为变为自觉。因此，不管是在亲人之间、朋友之间，还是同事之间开展批评帮助，都应坚持疏导方针，做到晓之以理，动之以情，多采用“南风”式的话语，而不能采取我说你听，我压你服的“北风”方式。这样才能建立良好的沟通，才能使事情取得良好的结局，我们的目标才能不偏离方向。

不过，要想在批评时营造南风式的良好氛围，也是需要掌握一定的技巧的。

寓批评于褒扬之中

心理学的研究表明，称赞会引起愉快的情感体验，而愉快的情绪易使人的理智占上风，能够理解和接受正确的道理。因此，如果在批评之前先表示对对方某一长处的赞赏，肯定对方的价值，满足其某种心理需要，那么就能够制造出较好的气氛，一方面削弱批评本身让人难以接受的程度，另一方面也使被批评者不致产生逆反心理。

美国总统卡尔文·柯立芝任职期间，发现女秘书送审的文稿质量较差。于是，在一个周末，他对女秘书说："你穿得这套衣服很漂亮，你是一个很有魅力的女子。"

柯立芝生性比较沉默寡言，这大概是他有生以来对一位秘书的最热情的赞辞了。这对于那位秘书来说，这太意外了，太不正常了，使得她不知所措。柯立芝接着说："假如你打印的文件能注意一下标点符号，就可以使你打的文件像你自己一样美丽可爱了。"

女秘书对这次批评印象非常深刻，从此打印文件时很少出错。

寓批评于褒扬之中，无异于在苦口的"良药"之外包上一层糖衣，使听者顺利地接受劝说的信息。假如柯立芝换一种盛气凌人的口吻呵斥："怎么搞的！连标点符号都搞不清楚，亏你还是名牌大学毕业的！"可想而知，只能让对方反感，而达不到纠正对方错误并激励对方的目的。

现实生活中，我们也可以运用这一批评技巧来达到使其改正的目的。例如，身为领导者，在工作中，如果遇到同事、下属的想法和做法出现偏差，你就可以这么说："你的这些想法不错，在……的时候，一定能起到很好的作用。但是，现在是……情况下，似乎与你的想法有一点距离。你是不是再斟酌斟酌，搞一个更有创意的方案，把你的真实水平进一步发挥出来？"这样一来，既拉近了与对方的距离，也满足了对方寻求自尊的心理，就会形成较好的气氛，批评也就更容易被接受。因为你让他感觉你是对事不对人的。

用嬉笑的语气说出批评的实质

在批评的时候，有时为了更好地达到目的，口头说出的意思和自己的真实意图恰恰相反，用反语来归谬，然后推出一个荒唐可笑的结论来，暗示出什么是对的、什么是错的，就可以使对方在嬉笑间认识到自己的错误并且改正。

让我们来看一个应用这种批评法的例子：一个班上有不少男生最近开始迷上了抽烟。深谙教育心理的教师知道，这是许多男生在发育期间追求“成人化”的表现，如果对其横加指责，只会造成师生对立。因此，在一次班会上，教师并不点吸烟学生的名，只是说了这样一席话：“今天我给大家讲讲吸烟的好处。”一句妙语开场，如石击水，反响激烈。接着教师讲道：“第一大好处是吸烟引起咳嗽，夜半尤剧，可以吓退小偷；第二大好处是咳嗽导致驼背，可以节省布料……”

这种诙谐的反语暗示出了吸烟的害处，使学生在笑声中感受和理解了教师的良苦用心。

在语气上是嬉笑，实质却是批评。由于比较委婉，不会伤及他人面子，别人也就比较容易听进去了。

用宽容代替指责

俗话说“良言一句三冬暖，恶语伤人六月寒”，人与人之间只要有接触，就难免会产生一些意见或矛盾。宽容的处理问题，有时会比任何一种威胁的言辞都有效。事实上，越是有理的人，如果表现得越谦让，趣能显示出他胸襟坦荡，富有修养，反而更能得到他人的钦佩和尊重。

曾看到过这样一则小故事：

有个战士站岗睡觉，一位指导员查到后，就严厉训斥：“我早就说过，站岗不准睡觉，你老是跟我作对，回去以后写好检查，等我明天再来收拾你……”

而另一名指导员，却是和蔼地说："这样吧，你先去休息一会儿，我不困替你先站一会。但是你要记住，战士站岗睡觉，在平时可能是小事，在战时就有可能丧失一个连队战士的生命，你自己好好思考一下……"。

两位指导员在对待战士站岗睡觉这个错误问题时，由于讲话的语气不同，一个忠言顺耳，一个忠言逆耳。结果，前一名战士因为指导员口气生硬，语言简单，他心服口不服，产生了明显的对立情绪，不但没有改正错误，还导致后来经常与指导员对抗。后一名战士因为指导员善于疏导，晓之以理，语言和气，忠言顺耳，他主动地承认了错误，并接受处理。

由此看来，这一"冷"一"暖"，效果就确实差了一大截。宽容比指责更能让我们先达到目的。

而要想做到宽以待人，就要学会推己及人。推己及人，是以自己为标尺，衡量自己的行为举止能否为人所接受，其依据是人同此心，心同此理，将心比心，设身处地。还可以用角色互换的方法，假设自己站在对方的位置上，想一想对方会有什么反应、感觉，从而理解他人，体谅他人，懂得了这点，当别人理短时就会大度地宽容他人，他人才会在自己理短时容让你，以此建立相互宽容的人脉关系网。

当然，宽容也是有限度的，而且也是分对象的，要分清楚你所宽容的对象值不值得你宽容，如果说是那种对自己犯的错误屡教不改的人，那就不能一直忍受和宽容他，你可以宽容他一次，并且善意地规劝他，在没有得到悔改的情况下，就不能够一直对他所犯的错误宽容下去。因为这样的宽容虽然是善意的，但是不一定有效果。

点到为止是一种十分高明的批评手段

在批评他人时，为人师者、为人父母者、为人丈夫或妻子者，还有领导者往往会说：“你是怎么搞的，我已说过了多少次！”想以此让学生、孩子、爱人、下属反省自责。这时他们如有反抗行为，我们又会加一句“你这是什么态度？”然后就进行没完没了的说教。殊不知，越是责骂，对方的反抗情绪便越是高涨，越是希望他们反省，越得不到好的效果，只能使情况变得越来越糟。

这其实就正应了心理学上的“超限效应”现象。即人的机体在接受某种刺激过多的时候，会出现自然的逃避倾向。这是人类出于本能的一种自我保护性的心理反应。由于人的这个特征，在受到外界刺激过多、过强或作用时间过久的情况下，会引起一个人心理极不耐烦或逆反。这种心理现象，就叫作“超限效应”。也就是说，对他人过分的批评、教育，不仅不能起到预期的效果，反而因为过于“唠叨”而容易使对方产生“超限效应”，甚至出现“我偏要这样做”的反抗心理。

可以说，不是他们需要你“同样的事要说几遍”，而是因为你“同样的事要说几遍”，他们才听不进去的。

我们常说，“物以稀为贵”，相信说话也是这个道理。如果唠唠叨叨，在他人耳边反反复复说同样的话，就会让人产生一种习惯性的模糊听觉，也就是明明在听，却根本不入心里去，这是长期重复听同样的声音而产生的一种心理上的不在乎——既然那些话随时都能听到你讲，今天没注意，明天还可以再听，他们当然也就心不在焉了。

不妨回忆一下我们遇到过的那些批评。上学时，一旦做错事，便会被老师“请”到办公室，“动之以情，晓之以理”地训诫；上班后，一旦出现失误，老板便会给自己补课，小会上点名，大会上举例子，反复提醒；身边的亲友，一旦发现你的缺点和过错，也会如同老师和老板一样，唠叨个没完没了。这些情况我们都遇到过吧？当时的心情如何呢？

换位思考一下，是不是明白了什么呢？对，那些无休止地批评、提醒只能让人觉得反感，虽然话说了很多，但效果却不如预想的那么好。谁也不喜欢老师反复地鞭策，老板无休止地批评，更不喜欢朋友不停地提醒，因此，我们本来好心去提醒、批评、指正时，一定要注意不要“妙语连珠”，因为此时被批评者并没有心情听你的大道理。

从这个意义上来说，“点到为止”，可以说是一种十分高明的批评手段了。一个会为人处世的人，提出批评意见时，总会三言两语收住，给对方留下思考的余地。

因为当错误被发现时，人们都会预期自己会遭到批评，但是如果没有受到批评，就会使其受到震动，感到羞愧和感激，从此下决心改过前非。

例如，一次外语课上，老师正在板书，发现一个白亮白亮的影子在黑板上闪来闪去，逗得不少同学笑出声来，课堂上出现了一阵骚动，老师意识到这是捣蛋鬼利用小镜子反射太阳光往黑板上照（学生戏称照妖镜）。

老师一回头，就看到坐在南边一排中间的一个同学脸色一变，将小镜子慌忙塞进口袋里。但老师虽看在眼里，却没有立刻查问。而是选择在下课时喊住了他：“你今天课堂上玩镜子了吧！”这个同学一时哑口，随即又想辩解，但老师已经走了。

但恰恰是这一“点到为止”的做法使这名同学受到了很大震动。于是，他主动找老师交代问题，承认过错，从此在课堂上成了一个安安稳稳的学生。

俗话说：“话到舌尖留半句。”当你发现孩子、爱人或者下属做错事情时，正常的思维好像是跟对方讲因果利弊关系，但其实真正的因果利弊要由他们自己去讲才对。“点到为止”可以胜过千万句无谓的责骂。所谓“此时无声胜有声”，虽然没有批评，却暗示了批评的意思，同时又不伤对方的自尊，所以使对方除了感激，再无话可说。

不过，在具体的沟通中，对于点到为止的这个“点”的分寸把握却是一个难点。

首先，你要控制自己的情绪。批评的目的是为了帮助对方认识错误，改正错误，不是无休止地重复，把一次错误当成一辈子的把柄。“金无足赤，人无完人”，过去的错误已经停留在过去了，没完没了地批评也于事无补了，何不给别人一个机会呢？

其次，“点到为止”也可以说是具有暗示性，而暗示性的批评主要适用于心细、敏感、自尊心强、能知错就改的人。特别在他们犯一些小错误或正在做一些不应该做的事时，有时只需一个眼神、一个动作之类的暗示也就足够了。

最后，还要谨记批评一定要注意场合，最好是在没有第三者在场的情况下进行，否则，即使批评的话语点到为止也有可能会刺激对方的自尊。因为他会觉得丢了面子，他或许以为你是有意让他出丑，或许认为你这个人不讲情面，不讲方法，没有涵养，甚至在心里责怨你动机不善。因为批评人不注意场合，带来这么多的副作用，受批评者心生怨恨，批评人、改变人的目的就很难达到。

面子决定了“负隅顽抗”还是“借坡下驴”

人都是爱面子的。在指出别人的错误的时候，如果太直接，使对方面子受损，可能导致他“负隅顽抗”。但是如果巧妙地暗示对方的错误，而不直接指出对方错了，那么对方在保全面子的情况下，就可能“借坡下驴”，改变自己的做法。

先从批评自己开始

在批评他人之前先做一番自我批评，就等于给对方一个台阶下，这样他就不会再想各种理由来反驳你，而且，还会营造出坦诚相见、大家共同承担责任的良好批评氛围，从而使对方更容易虚心接受你的批评，并且认真反思。

这一点，尤其适用于当对方的地位比你高的时候。例如《后汉书》中就记载了一个媳妇巧妙批评婆婆的故事：

丈夫乐羊子外出求学，七年不归，家里日子艰辛，很久没有尝过荤腥了。乐羊子的母亲嘴馋，见别人家的鸡进到她家院子，就把鸡偷来，宰了吃。

对婆婆这种不道德的行为，乐羊子妻十分难过。她不但没有动筷子同婆婆一起吃偷来的鸡，还直掉眼泪。婆婆问她为什么？她回答说：“怪我自家穷，没有能力把婆婆侍奉好，因而使饭桌上有了别人家里的肉。”

儿媳是婆婆的晚辈，而且在封建社会里依据三从四德，媳妇更是不能对婆婆直截了当地批评。但是乐羊子妻只是批评自己，但同时却也暗示了婆婆的做法是错误的。这诱发了婆婆的廉耻心，使婆婆无地自容，最后端着煮好的鸡向邻居认错赔礼去了。

现实生活中，我们也可以运用这个技巧。比如在工作中，领导也会有出错的时候，但是，他的地位决定了我们要维护其威信，这时候，作为下属，我们就可以采用这种暗示的批评方法。例如，在领导发错指令，自己没有认识到的时候，你可以这样说："你看，怪我没有把话说清楚，害得领导提的要求下面难以执行……"你来担责任，领导就可以借台阶下去了。你把错揽到自己身上，而对方已经明白错误在他身上，那么他会感激你保全了他的面子，并暗暗改正自己的行为。

但是要做到这一点，我们就必须要改变自己"没错"的思想。话说有一天，美国阿拉巴马州的红石军工厂正在举行阅兵仪式，检阅官是一位向来以严厉著称的上校。这阅兵仪式进行得很顺利，上校的眼睛就犹如是鹰眼一般的锐利，在扫视着队列。突然间，他好像发现了什么，就直直地走到一个士兵面前，将士兵上下打量了一番，然后严厉地命令说："把口袋上的扣子扣好！"这士兵非常慌张，结结巴巴地问："是现在吗？长官？"上校说："当然，马上！"于是，士兵小心翼翼地伸出手，把上校衬衫口袋的扣子给扣上了。原来上校一眼就看出年轻士兵没有把扣子扣好，但是却丝毫没有留意到自己的制服也有同样的问题。

其实我们也常常会像故事中的上校一样，在看待别人缺点的时候好像鹰眼一样锐利，但对于自己的缺点，却好像是瞎子一样看不见，难以察觉，批评别人容易，反省自己难。事实上，"金无足赤，人无完人"。当一件事出现问题时，我们本就应该先冷静对待，认真思考其中有多少自己不对的地方，有多少是自己的原因造成的错误。

为对方的错误找个理由

当对方已经明确表明某一态度和意见，你想要纠正他时，最好不要直接指出，更好的办法是用暗示的方法指出他的错误，并给他找一个安全合理的理由，促使他改变自己的观点和态度。比如，当批评别人时，你可以说："在当时信息不全而又情急的时候，任何人都可能会出现一些偏差。现在我们掌握了较全面的情况，我们可以做出更正确的决定……”不直接指出对方的错误，而是委婉地暗示对方：其观点虽有可取之处，但是却不适合现在的情况，因此是不对的。

另外，你也可以帮助对方把错误推到莫须有的其他人身上去，使当事人有台阶可下。比如下面这个例子：

一位女顾客在某商场给丈夫购买了一套西服，回家穿后，丈夫有点不大喜欢这种颜色。于是，她急忙包好，干洗后拿商店去退货。她对服务员保证道：“这件衣服绝没穿过。”

服务员接过衣服看了看，发现了衣服有干洗的痕迹。机敏的服务员并没有当场找出证据，来说明她说的是假话，如果那样的话，顾客为了顾及自己的面子，会死不承认的。这位服务员就为顾客找了一个台阶。服务员微笑着说：“夫人，我想是不是您家的那位搞错了，把衣服送到洗衣店去了？我自己前不久也发生过这类事，我把买的新衣服和其他衣服放在一起，结果我丈夫把新衣服送去洗了。我想，您大概是否也碰到了这种事情。”

这位顾客知道自己错了，而售货员却把错误转嫁给这位顾客的丈夫身上，反正，这位可怜的丈夫又不在身边，背一背黑锅也无负担。这位女顾客见服务员给了她台阶，于是不好意思地拿起衣服，离开了商场。

故意将对方的责任归于不在现场的他人，主动地为对方寻找遮掩不妥行为的借口，他们往往就会“借坡下驴”了。

总之，要批评有问题的人，如果不顾对方的面子，往往都会引起对方的反抗。如果可以采取“借坡下驴”的暗示批评之法，既不会引起对方的反感和反抗，又可以让他认识到他自己的问题。

| 永远躲开正面的批评，是必须要记住的 |

批评的本质决定了，我们要永远躲开正面的批评。对人正面的批评，那会毁损了他的自重，剥夺了他的自尊。如果有批评的必要，我们不妨旁敲侧击地暗示一下，对方知道了你的用心良苦，那么不但会接受你的批评，而且还会感激你。

批评其他人——“指桑骂槐”法

“指桑骂槐”，在这里的意思就是类比批评法。即找一个相似的例子来告诉对方什么是对的、什么是错的，暗示所要批评的对象其错误何在。这样，就可以避免直接批评导致的抵触心理，并使对方心服口服。例如，电影《陈毅市长》中，师长认为自己资格老，“伤疤多”，对自己的老部下，一个资历较浅的副师长被提为军长不服气，有意见。陈毅就请他同管理员对比，管理员参加革命、入党都比他早，伤疤也比他多，而现在却只当一个小小管理员。这样一比，师长没有什么可说了。这里，陈毅就是用对比法对师长进行批评的。

如果再引申一下，还可以让对方去批评有类似问题的其他人，因为他在批评别人时，更容易站在客观的角度上，看到自己的错误，借坡下驴，也就更乐于改正自己的错误。

例如下面这个例子：

某地有一家公司，一个部门的员工上班时间和工作态度都很不理想，工作效率比其他部门低。经调查，原因出在他们的部门经理身上。这位部门经理属于生活乐天派，凡事不拘小节，说难听点就是不负责任。于是，他的上级就毫不客气地指责他说："你是怎么搞的，看看你是怎么管理的！"

当时这个部门经理虽然答称"是！是！"但事后还是一如既往，毫无改进。于是他的上级很想把他调到别的地方。但是江山易改，本性难移，这种人调到哪里都一样。然而有一位新进的人事管理顾问找这位部门经理，进行了一番谈话："其实，这个问题不是出在你身上，可是你看看你的手下太不像话了——又是迟到，工作效率又低，这个问题，我看还是你才有办法解决。"想不到，这一番话竟使这一部门的情况迅速改观，甚至为其他部门所不及。

当初，这个部门经理的上级警告他时，他虽然口头答应，但是对于一个生性不负责任的人来说，即使公司发生了事故也会无动于衷，而且常常在发生差错后，马上就为自己想好了逃避的理由。但是这个顾问针对他的心理，将责任推给他的部下，让他去管教他的部下，同时暗示他自己作为管理者的错误所在。这样保全了他的面子，还表现出对他的信任，最终促使他下决心改正自己的错误。

表扬其他人——"扬善抑恶"法

当发现他人有不良行为时，不直接批评，而是通过表扬在这方面做得好的人，以达到纠正不良行为的目的。

这一做法的心理学依据就是人类的自尊心和自信心。因为每一个人潜在的心理都是希望"处于比别人更优越的地位"，或"被当成重要的人物"。从心理学上来说，这种潜在心理就是对自我优越感的渴望。这种渴望，在有特定的竞争对象存在时会更加强烈。

扬善抑恶，就会让对方注意到有竞争对象的存在，在夸奖竞争对手的同时，也会把对他的不满和批评暗示给他，促使他改正缺点，更加努力。可以说，这是个十分巧妙的批评方法。而且在某些场合下，这种方法是最合适的批评方法。比如，当领导的，有时会遇到大多数人犯错误的情况，比如单位开会，大多数人都迟到了。在这种情况下，处理起来会有一定的难度——你不管不问不行；但是如果都批评，效果又不一定好，因为中国有句古话叫“法不责众”，挨批评的人多了，大家就会无动于衷。你还不能点任何人的名字进行批评，因为点了谁，谁都会不服：“大家都这样，为什么单挑我的刺！？”而且，在迟到的人中，有的人可能有正当理由，如果不分青红皂白把所有人都批评了，有正当理由的人就会心中不服，想要申辩。而他一旦申辩，其他人也会纷纷申辩。这不但达不到目的，还把多数人给得罪了。而你又很难分清“有正当理由的”和“没有正当理由的”人。

这种情况下，最好的方法就是“表扬少数人”的守时作风——既扬了正，又压了邪。受表扬者会很高兴，因为你让他在众人面前大大地露了脸。而对多数人来说，你也没得罪他们，因为你没有批评他们，只是暗示了他们的错误所在。他们心里一方面会感到愧疚，一方面还觉得你给他们留了面子，会对你既感激又服气。

但要注意的是，这种方法对自觉性不高的人效果不大，必须与其他批评方法结合进行。

认同感可以营造坦诚相见的批评氛围

一位心理学家曾经对大学生们进行过这样一系列的调查：他们将一部分特征相似的大学生安排住在一起，而将另一部分特征相异的学生安排在一起居住。一段时间后发现：特征相似的学生大多能够彼此接受和喜欢，进而成为好友；而特征相异的学生尽管朝夕相处，但仍然很难相互喜欢并建立友谊。

这其实就叫作“相似效应”——如果交往双方有较多类似的地方，那么相互之间就容易吸引，促进彼此人际关系的发展。

如果我们将这一心理学规律运用在批评技巧上，即批评他人时，如果先从自身谈起，谈谈自己曾经也做过类似的错事，就可以给对方带来一种认同感，缩短双方的心理距离，营造坦诚相见的批评氛围，暗示犯错没有那么可怕，并不会因为一次犯错将对方一棍子打死，从而使对方轻松接受。同时，还可以一方面消除对方因做错事而产生的过度不安和悔恨，另一方面还可以为对方提供活生生的例子，使其认识到错误的严重性。

例如下面这个例子：有个叫约瑟芬的食品店店员，在一次运货时因马虎而使食品店损失了两箱果酱。为此，老板对他进行了如下一番批评：“约瑟芬，你犯了个错。但上帝知道，我犯的许多错误比你的还糟。你不可能天生就万事精通，那只有在实际的经验中才能获得。而且，你比我在这方面强多了，我还曾做过那么多愚蠢的事，所以，我不愿批评任何人。但你难道不认为，如果你换一种做法的话，事情不是更好一点吗？”约瑟芬愉快地接受了老板的批评，从此做事认真多了。

在具体的运用过程中，我们需要掌握以下一些技巧：

首先，引用的自身案例须真实可信。如果随意乱编例子、胡乱批评自己，则会显得很突兀，并且缺乏真诚。只有保持一颗真诚之心，这样说出来的话才会有说服力和真实性，被批评者心里才会舒服些，也更容易接受并改正。

比如，如果孩子在学习上经常马虎，总是一知半解。妈妈就可以这样对他说："以前我上学时，也和你一样：上课时觉得全听懂了，全会了，课后就不认真复习，结果一部分知识就遗忘了。天长日久，新的知识不断增加，就感觉基础薄了。后来在老师的帮助下，我认识到了自己的问题，知道马马虎虎是学不到真本领的，于是在课后及时复习，做到一天一清。结果，我的成绩很快就上去了，在全班名列前茅。我相信你也能和妈妈一样，吸取教训，迎头赶上。"这里举出的"切身"事例，即使并非真实发生在你身上，但是马虎本身的普遍性也给人以真实之感。

其次，不要忘记"调转枪头"。自我批评是手段，批评对方才是目的。以"我不行，你也不怎么样"的这种劲头儿来将矛头指向他人，开始你对他的批评。

你可以将这种批评蕴含在自己的切身事例中，比如上面那个例子，虽然妈妈并没有对孩子说应如何如何，孩子自己也可以领悟应该如何去做。也可以更直接一点，比如下面这个例子：某市政策研究室科长因为工作疏忽，在写调研报告时竟把有的数据写错了，为此，政策研究室挨了市委副书记严厉的批评。随后，政策研究室主任对科长进行了批评："情况你也许知道了，出现了那么大的错误，领导怎么批评都不为过……但是话又说回来，我刚开始从事调研工作时，也出现过类似的错误，细细一想，无非粗心大意造成的。应该说，只要我们细心、认真，这种情况应该是可以避免的。"科长听到这些话，愉快地接受了批评，以后再也没有出现过类似的失误。但不管哪种方式，都应该注意言辞委婉，语气平和，否则，之前努力的营造的坦诚氛围就白做了。

心理制裁能使人更深切地认识自己的错误

心理学认为，当人知道自己做错了事或闯了祸，常常都会产生一种内疚感或恐慌感。这两种心态纠合在一起，会形成做错事后强大的心理压力，促使我们反思和改正自己的错误。这时，如果他人真的对我们斥责和惩罚一番，反而起不到这样的效果，甚至会产生反效果。

这是因为，我们自己可以在毫无防备或在被热情淹没的情形下改变自己的想法，但是如果有人说我们错了，反而会使我们迁怒对方，更固执己见。我们会毫无根据地形成自己的想法，如果有人不同意我们的想法，我们就会全心全意维护我们的想一法。显然不是那些想法对我们有多珍贵，而是我们的自尊心受到了威胁——我们愿意继续相信以往相信的事，而如果我们所相信的事遭到了怀疑，我们就会找尽借口为自己的信念辩护。

也就是说，在人与人沟通中，不管你用什么方法证明对方错了，都可能伤害对方，使对方产生不满、反抗情绪。从这种意义上来说，心理制裁才是最好的方法，只有他自己从内心深处认识到自己的错误，才有可能深刻反思和改正自己的错误。

夸奖他不具备的优点

有时，赞美也是一种批评的艺术。即当我们要说服某人克服其缺点时，不仅不指责他，反而对他尚不具备的优点夸奖一番。你会发现，终有一天他将配得上你的夸奖。

有一段时期，某百货公司的时装专柜忽然听到许多顾客的批评，抱怨女售货员态度不好的意见纷纷传到公司领导那里。当时，这个专柜主任就采取了这种与众不同的解决方法，产生了惊人的效果。他并没有责怪那位被顾客指名服务不周的女售货员，反而不断地夸奖她。他单独地找这位售货员谈话，告诉她："顾客称赞你的态度非常和蔼、亲切哪！请继续保持下去。"或"你对顾客非常殷勤有礼貌，顾客与同事都在赞美你哦！"结果，这位女售货员的态度马上就有了改善。面对客人时，她总是面带微笑，礼貌周到，亲切热情，使专柜的业务蒸蒸日上。

正如丘吉尔所说："你要别人具备怎样的优点，你就怎样去赞美他。"在赞美中，他会接受"你希望他具备这样的优点"的暗示，在这种心理压力之下，她就可能会更积极地尽力，期望达到你所夸奖的那种境界。

"以其人之道还治其人之身"

人们通常只习惯于从自己的角度思考问题，而不习惯于站在别人的角度上思考问题。要消除这种现象，办法就是"以其人之道还治其人之身"。当他们也体会到对方的感受，就能够站在对方的位置思考，能够设身处地地多为对方设想，就会慢慢改正错误了。

比如，对于喜欢撒谎的孩子，父母可以让他亲身体会一下被骗的滋味。例如，允诺孩子下午带他去看电影，等与孩子一起穿戴整齐，到了车站之后，突然告诉他："孩子，今天不去看电影了。"孩子的情绪可想而知，这时，你可以搂着他，轻声解释说："这就是被谎言欺骗的感觉……说真话是非常重要的，我刚才对你们撒谎，感觉糟透了，我不愿意再撒谎，也相信你们也不愿意再撒谎了，明白吗？"而且，即使孩子认错、保证，也要坚定地告诉他："今天不会去了，但以后会去。"心情的失落和沉重，一定会给孩子留下深刻的印象，并时刻提醒着他，谎言会给别人带来伤害，因为他亲身经历过。

让犯错者自己承受行为过失造成的后果

有些错误，可能很难用语言令人信服地描述给犯错误者，此时最好的办法是将犯错误者请到其错误的面前，这样，几乎人人都能认识到自己的错误。

玛斯公司的创始人玛斯先生有一次到一家巧克力工厂视察。那天天气炎热，酷暑难耐，当他来到三楼那几台最大的制造巧克力的机器旁时，感到一阵阵热浪扑面扑来。于是他问工厂的经理："你们怎么没有在这里安装空调？"工厂经理说没有这笔预算。

对此玛斯先生当然明白，但是他并没有罢休，而是拨通了楼下维修车间的电话，要求维修工人立刻上楼来。他对这些维修工人说："请你们到楼下去，把你们经理办公室里的所有东西都搬到这里来，我和他在这里等着。"转脸又对制造巧克力的工人说："如果不影响你们工作的话，就把他的办公桌椅放在这台最大的巧克力机旁。"

玛斯先生并没有批评工厂的经理，但是那位工厂经理却明白了：厂房里确实需要装上空调，而且越快越好。玛斯先生告诉他说："一旦完成了这项工作，你随时都可以搬回自己的办公室去。"

我们可以猜得到，玛斯先生走后，那位工厂经理当天便把空调器问题解决了。

这种让犯错者自己体验其错误的方法，不费唇舌，但是却可以让对方最深切地认识到自己的错误所在，并且以最快的速度去改正它，因为这个错误损害的正是他自己。

"此时无声胜有声"

相信"列宁打碎花瓶"的故事我们都耳熟能详。

8岁的列宁，有一次到姑妈家做客，在和表兄妹们做游戏时不小心打碎了一只花瓶。

不过，当时没有人看见，因此，当姑妈问是谁打碎的时候，列宁也和其他的孩子一样说"不是我"。但是，玛丽亚·亚历山大罗夫娜——列宁的母亲，却从孩子的表情上知道花瓶是列宁打碎的。不过，她没有直接揭穿这个

“骗局”，因为这位明智的母亲知道，最重要的不是惩罚，而是教育儿子在犯错误后勇于承认错误，做一个诚实的好孩子。于是，她装出相信列宁的样子，在3个月内一直没有提起这件事。

不过，母亲虽然没有提这件事，但却每天给他讲各种各样的诚实守信的美德故事。母亲相信提供充分的时间会让孩子进行自我道德评价，在内心深处萌生出羞愧感，让他自己纠正自己的谎言。而在这段时间里，母亲也确实明显感觉到列宁不如以前活泼了，似乎在受着良心的煎熬。

终于，一天临睡前，在母亲又像往常一样给他讲故事时，列宁失声痛哭起来，哽咽着对母亲说：“我欺骗了姑妈，那个花瓶其实是我打碎的。”母亲听了非常欣慰，笑着安慰道：“你是个诚实的好孩子，给姑妈写封信，向她承认错误，相信她一定会原谅你的。”列宁马上起床，给姑妈写了一封道歉信。

列宁的母亲，在这里用到的方法就是“此时无声胜有声”的心理制裁之法。

不过，“此时无声胜有声”并不是放任自流，而是等他人感受到“心理制裁”后，再顺势加以教育疏导。就像上文中列宁的母亲，她没有选择当面拆穿列宁的谎言，而是用很多故事进行旁敲侧击的暗示、引导，使列宁心理上由焦虑发展为对自己的动机、态度和行为的反省，进而醒悟自己的过错。

用积极的心理期待代替令人心碎的指责

古希腊有这样一个神话。在塞浦路斯有一位年轻王子，名叫皮格马利翁，很喜欢雕塑。有一次，他用一块象牙雕刻了一个美丽的少女，然后他热切地希望这个雕塑变成真人。后来王子的诚心感动了天神，天神真的使这个雕塑变成了真正的少女。

古人也许是想通过这样一个神话故事说明一个现象：我们的热切期望，会使被我们期望的人达到我们的要求。这种现象，心理学家称之为“皮格马利翁效应”，也叫“期待效应”。

但事实果真会如神话一般吗？

对此，心理学家做了一个实验：他们在一所小学里对一至六年级的18个班的学生进行了一次所谓的“发展测验”，等测验结束后，给每个班级的教师发了一份学生名单，告诉教师说，根据本次发展测验的结果，这名单上列出的全班学生的20%是班上最有优异发展可能的学生。教师们看了看名单，发现有些学生的成绩是很优异的，而有些学生则不然。两个心理学家解释道：“请注意，我们讲的是他们的发展，而非现在的情况。”

发展测验结束8个月后，心理学家们又来到这所学校，对18个班的学生的学习成绩进行了追踪检测，结果发现：他们先前提供给教师的名单上的那20%的学生们，其学业成绩都有了显著进步，而且他们情感健康，好奇心强，敢于在课堂上发言，学习努力，与教师和同学的关系也特别融洽。教师们连连点头说，两位心理学家的测验可真准，有很多学生是他们根本想不到的！但其实，这20%的所谓更有发展可能的学生，只是心理学家们随机抽取出来的。

这样看来，神话也能变成现实。不过，为什么期待心理可以产生如此大的作用呢？

因为信任在人的精神生活中是必不可少的，它代表一种对人格的积极肯定与评价。每个人都有被别人所信任的需要，而当这种需要得到满足的时候，人们就会感到鼓舞和振奋，当然可以有更好的表现。

因此，如果我们希望一个人改正错误，变得更好，除了批评一途，还可传递期待。而且，用积极的心理期待代替令人心碎的指责，有时会更有效。比如，在夫妻之间，皮格马利翁效应就有奇妙的作用。

女人长得很漂亮，对厨艺却一窍不通。男人当初只重视容貌和性格，却没有想到厨艺的问题。后来，他们真的结婚了，男人也心甘情愿地每天围着锅台转。但是他也有事业，也难免会有感到很累的时候。他于是想，要是妻子能烧烧饭该有多好！可是妻子真的被他养成娇妻了，什么也不会做。幸好他不是个急脾气，没有对妻子说："家是我的，也是你的，我太累了，你为什么不能做做菜？"如果他这样，即使他的妻子去做，恐怕也不会太心甘情愿。

聪明的男人恰当地利用了"皮格马利翁效应"。他故意在有一天晚上，回来的比妻子晚，回来前给妻子打了个电话，说"今天我可能要回来晚些，亲爱的，你能不能烧些菜，让我回家后能尝尝你的手艺？唉，我今天实在是太累了，真想回到你的身边。"妻子挂了电话，心中感觉很愧疚，觉得自己衣来伸手、饭来张口，什么贡献也不做，对不起丈夫。

等丈夫回来，菜已经摆好了。丈夫尝了尝，很难吃，但他笑着对妻子说："还不知道我老婆的厨艺这么好呢！"同时大口大口地吃了起来。妻子心里很满足。第二天又是妻子烧菜，丈夫仍然说好吃，妻子很受鼓舞，还专门买了几本烹调书，在家学起来。

一年后，朋友们去他家做客，发现他妻子做的菜非常好吃，丈夫笑着说，"今非昔比呀！"妻子这才恍然大悟，原来自己"上当"了！

可见，要想让一个人变好，积极的心理期待比批评指责更有效，还不会影响你们之间的关系，岂不是两全其美？

不过，当我们在他人身上期待“期待效应”的发生时，一定要避免走入另一个误区——期望过高。因为一个人只有对他能力范围内能承担的责任和重负，才会欣然接受，会有信心去完成。如果一个只能承担50公斤重负的人，让他去承担100公斤或更多的重负，就可能压垮他，或者让他选择回避。也就是说，如果超负荷运转，他的身体和心理都容易出现问题。

而且，你还要记住，任何错误和缺点的改变都不是一朝一夕间能完成的，你要有足够的信心和耐心等待“期待效应”的发生。

第四章

鼓励赞誉的方法

——激励的有效性取决于对他人心理的把握

最高明的赞美应该是能说到人的心坎儿里

关于赞美，大多数人仅止于知道赞美的重要，却不熟悉赞美的方法和技巧。

其实，赞美绝不是专拣好听的话胡说一气，赞美本身是对他人的鼓励和尊重，最高明的赞美应当能赞到“点子”上。如果你赞美的地方是对方毫不在意之处，那么哪怕你磨破嘴皮子，只怕也收效甚微。只有能赞美到对方的心坎里，才能让对方真正受用。

赞美对方引以为豪的地方

人性中有一个共同的心理特点，那就是喜欢别人赞美自己最得意最看重的方面。

在镇压太平军的行营中，一次，曾国藩用完晚饭后与几位幕僚闲谈，评论当今英雄。他说：“彭玉麟、李鸿章都是大才，为我所不及。我可自许者，只是生平不好谀耳。”一个幕僚说：“各有所长：彭公威猛，人不敢欺；李公精敏，人不能欺。”说到这里，他说不下去了。曾国藩问：“你们以为我怎样？”

众人皆低首沉思。忽然走出一个管抄写的后生来，插话道：“曾帅仁德，人不忍欺。”众人听了齐拍手。曾国藩十分得意地说：“不敢当，不敢当。”后生告退而去。曾氏问：“此是何人？”幕僚告诉他：“此人是扬州人，入过学（秀才），家贫，办事还谨慎。”曾国藩听完后就说：“此人有大才，不可埋没。”不久，曾国藩升任两江总督，就派这位后生去扬州任盐运使。

在这个故事里，曾国藩的幕僚想赞美曾国藩，但苦于“威猛”“精敏”之语都已让别人先说了，因而想不出恭维他的词句。而管抄写的后生从曾国藩说过的“生平不好谀耳”中推断出曾国藩特别看重自己“仁德”的性格特征，于是投其所好，在这一点上加以赞美，果然让曾国藩感到舒服，并由此得到了他的赏识。

要做到这一点，就要求我们在赞美别人之前，首先做到“知彼”，摸清对方的兴趣、爱好、性格、职业、经历等背景状况，对症下药，抓住其最重视、最引以为自豪的东西，将其放到突出的位置加以赞美，这样才能够最大限度地满足对方的心理需要。

隐藏的闪光点更需要夸赞

锦上添花固然好，但雪中送炭更可贵。因此，称赞一个人时，与其称赞他最大的优点，不如发现他最不显眼，甚至连他自己也未曾发现的优点。因为他最大的优点已成为他性格中的一部分，在任何人看来都已是不足为奇的了。而那些小小的优点，因为从未或很少有人发现，因此也就弥足珍贵。而你的发现与称赞为对方增添了一份对自己的认识，也增加了一次重新评估自己价值的机会。同时，你不同凡响的观察力还会获得对方的器重。

这就需要你拥有一双善于发现的眼睛。有些人常常埋怨对方没有优点，不知该赞美什么，这正说明了其缺乏发掘闪光点的能力。事实上，人人都有自己的长处，即使最普通最平凡的人也绝不是“一无是处”，这关键在于你是否能够“沙里淘金”“慧眼识珠”。

例如下面这个例子：

春节期间，小李住在乡下的大伯带着5岁的小孙子亮亮到小李家住了两天。亮亮性格内向，见人不爱说话，时时刻刻跟在大伯身边，特别是和小李的女儿佳佳在一起时，一个显得聪明伶俐，一个显得呆头呆脑，弄得大伯很没面子，骂亮亮“三脚踢不出一个屁来”。

这天晚饭过后，小李和大伯边聊天边看电视，突然听到客厅里传来佳佳的哭声。两人赶快跑出去看，这才搞明白原来亮亮不小心从楼梯半截处跌了下来，膝盖摔破了，亮亮忍着泪没哭，倒把在一旁的佳佳吓哭了。

大伯见亮亮惹了祸，上来就骂他没出息不争气，搞得亮亮也大哭起来。小李见状赶紧劝导大伯，一边劝一边扶起亮亮，帮他察看伤口。当看到伤口洇出一片血红时，小李拍着亮亮的肩膀啧啧称赞，说："农村的孩子就是生得结实，经得起摔打，跌得这么重也不哭，连句疼也不喊。这孩子将来肯定有出息，到了社会上能闯荡。你再看我这城市里的女儿，一根毫毛没动，光吓就给吓哭了。"

一席话说得大伯心里舒服了许多，赶紧心疼地搂过亮亮，又是上药又是安慰地忙起来。

在这个故事里，与乡下大伯相比，小李就是一个善于发掘闪光点的赞美高手，他借助一次跌跤事件对两个孩子做出重新评价，从"身体"和"意志"的角度对亮亮表示由衷地赞叹，不但使大伯突破了表面现象看到了自己孩子的可贵之处，心里舒服了，更重要的是孩子也会因此而自信起来，向更高的目标成长。

细微之中更容易显现真情

俗话说"细微之处见真情"，对方之所以在细节上投入那么多的心思与精力，一方面说明对方对此有特别的重视或偏爱，另一方面也说明对方渴望这一部分努力能够得到别人的关注与赏识，能够得到应有的报偿与肯定。

那么，如果你可以抓住某人在某方面的行为细节，不失时机地以赞美和感谢来回报对方的良苦用心，这不但会带给对方巨大的心理满足，而且会加深彼此情感沟通和心灵默契。

法国总统戴高乐在1960年访问美国时，在一次尼克松为他举行的宴会上，尼克松夫人费了很大劲布置了一个美观的鲜花展台：在一张马蹄形的桌子中央，鲜艳夺目的热带鲜花衬托着一个精致的喷泉。精明的戴高乐将军一眼就看出这是主人为了欢迎他而精心设计制作的，不禁脱口称赞道："女主人为举行一次正式的宴会要花很多时间来进行这么漂亮、雅致的计划与布置。"

尼克松夫人听了，十分高兴。事后，她说："大多数来访的大人物要么不加注意，要么不屑为此向女主人道谢，而他总是想到和讲到别人。"

可见，一句简单的赞美他人的话，会带来多么好的反响。

戴高乐贵为元首，却能对他人的用意体察入微，这使他成了一位受到格外尊敬的人，也是他外交上获得成功的不可或缺的一面。面对尼克松夫人精心布置的鲜花展台，戴高乐没有像其他大人物那样视而不见，见而不睬，而是即刻领悟到了对方在此投入的苦心，并及时地对这一片苦心表示了特别的肯定与感谢。戴高乐赞美的言语虽然简短，但很显然，很明确，尼克松夫人被深深地感动。

在他人心理制造出螺旋式上升的心理曲线

相信你一定知道有一个成语叫“朝三暮四”，但其中包含着一个很重要的心理学规律，你知道吗？

这个成语其实源于一个故事：

宋国有一个养猴子的老人，在家中的院子里养了许多猴子。后来，这个老人和猴子竟然能互相讲话了。

这个老人每天早上都给每只猴子四颗栗子。几年之后，猴子的数目却越来越多，他就想把每天喂的栗子由八颗改为七颗，于是他对猴子说：“从今天开始，我每天早上给你们三颗栗子，晚上照常给你们四颗栗子，不知道你们同不同意？”猴子们听了，不能接受，于是就吱吱地叫，而且还到处跳来跳去，非常不愿意。

老人一看到这个情形，连忙改口说：“那么我早上给你们四颗，晚上再给你们三颗，这样该可以了吧？”猴子们听了，就高兴地在地上翻滚起来。

老人给猴子的栗子数量没有变，只是给的方法变了：一是先多后少，一是先少后多。结果就变了：猴子对前者不满意，对后者却感到满意。这是为什么呢？

这其实是增减效应的体现：先前给的少，后面给的多，虽然给的总数一样，但是后者的方式却给猴子更好的感觉。

人也一样。在我们对别人进行肯定、鼓励时，并不是一味地说好话效果最好。事实是，相比“哇塞，从没见过这么好身材的！”“从没见过像你这么有气质的！”“你好能干呀！”……这类“肯定——肯定”句式，给人的喜欢程度最终赶不上诸如：“开始我觉得你这人有些清高，时间长了，我发现你其实是挺随和的一个人，我喜欢你这样的人——真实。”“我记得你以前车技一般，现在，怎么车开得这么好？”“我觉得你早期的作品率直而过于感性，后期的作品真诚而理性，更有思想性。”……此类“否定——肯定”型。

为了验证这一心理学规律，美国心理学家阿伦森·兰迪组织了这样一个实验：

被试者为 80 名大学生，将他们分为 4 组，每组被试着都 7 次机会听到某个心理学家预先安排的人谈论有关对他们的评价。

第一组为贬抑组，即 7 次评价直说被是者的缺点不说优点；第二组为褒扬组，即 7 次评价只说被试者缺点，第三组为先贬后褒组，即前 4 次评价专门说被试者缺点，后 3 次评价则专门说被试者优点；第四组为先褒后贬组，即前 4 次评价专门说被试者的优点，后 3 次评价则专门说被试者的缺点。所有涉及的缺点和优点都是模糊的，容易被认同。

当 4 组被试者都听完对自己的评价后，心理学家要求被试者们各自说对此人的喜爱程度。结果，最喜欢这个人的不是第二组，而是第三组。

心理学家将这种先否定后肯定，先抑后扬给人最好的心理感觉的规律，就叫作“增减效应”。其实虽然人性的弱点使然，人都喜欢听到好话。但同时，人也是理性的动物，人喜欢正面刺激也是有理性分析的。一味地肯定、说好话，由于区分性差，针对性不强，很容易让人们怀疑其诚意，而先贬后褒则不仅会被认为是客观的表现，还会被认为对方有交往的诚意。

这种心理规律，在现实生活中其实也很普遍。例如有的上级就善于利用这种心理效应来激励下属。有一位著名导演素以要求严格著称，一般的演员都比较怕他。但是这个导演也很善于发掘演员们的潜力。他总是在工作的开始阶段，冷着脸，让演员们看见就害怕，担心演不好，达不到他的要求。这迫使演员付出最大的努力，发挥出最好的水平。而当导演对演员感到满意时，就露出灿烂的赞许的笑容。这种难得一见的笑容对演员形成了极大的鼓舞，甚至有一位演员说，导演的笑容就是他演好的最大动力。

在人际沟通中，我们也不妨多运用“先抑后扬”的方法，制造一种动态的、螺旋式上升的“心理曲线”，可使我们在同样付出的时候获得意想不到的收效。比如：如果你要给别人一定数量的捐助，不妨先把基点拉低，以递增的方式给，要比每次都平均或以递减的方式给效果要好得多；当你评价别人时，可以先说对方一些无伤尊严的小毛病，然后再给予恰如其分的表扬；当你到一个新单位时，可以先不用急于崭露头角，而是一步步逐步施展自己的才华；假如你是商家的售货员，称货给顾客时，且莫先抓一大堆放在称盘里再一点点地拿出，而要先抓一小堆放在称盘里再一点点添入……

需要注意的是，前面的否定是为了后面的肯定做铺垫，所以，如果前面抑得过低的话，后面必须扬得意外，才会有好的效果。

把对他人的赏识扩展到第三方的面前

让我们先来看一个真实的故事：

骗子先带了一位外国人到咖啡厅，对服务小姐说："他是阿拉伯王子的朋友！"然后，他把想要交往的女性带来，自己却借故走开。

这个女性觉得不安，便问服务小姐："他是谁？"服务小姐便回答说："听说是王子的朋友。"

因为相信了第三者的消息情报，这位女性便上了当。

由此可知，一个情报一日被当成第三者的思考或意见被传达出来，就会增加可信性。

根据人的这个心理特征，我们可以把对他人的赏识扩展到第三方的面前，那么就会让他更加充分感觉到你对他的重视和欣赏，从而激励他产生无穷的力量和信心。

转述第三方的赞美

若当着面直接对对方说"你看来还那么年轻"之类的话，不免有点恭维、奉承之嫌。如果换个方法来说："你真是漂亮，难怪某某一直说你看上去总是那么年轻！"可想而知，对方必然会很高兴，而且没有阿谀之嫌。

1997年，金庸与日本文化名人池田大作展开一次对谈，对谈的内容后来辑录成书出版。在对谈刚开始时，金庸表示了谦虚的态度，说："我虽然过去与会长（指池田）对谈过世界知名人士不是同一个水平，但我很高兴尽我所能与会长对话。"

池田大作听罢赶紧说："您太谦虚了。您的谦虚让我深感先生的'大人之风'。在您的72年的人生中，这种'大人之风'是一以贯之的，您的每一个脚印都值得我们铭记和追念。"

池田说着请金庸用茶，然后又接着说："正如大家所说'有中国人之处，必有金庸之作'，先生享有如此盛名，足见您当之无愧是中国文学的巨匠，是处于亚洲巅峰的文豪。而且您又是世界'繁荣与和平'的香港舆论界的旗手，正是名副其实的'笔的战士'。《春秋·左传》有云：'太上有立德，其次有立功，其次有立言，是之谓三不朽。'在我看来，只有先生您所构建过的众多精神之价值才是真正属于'不朽'的。"

在这里，池田大作主要采用了"借用他人之口予以评价"的赞美方式，无论是"有中国人之处，必有金庸之作"，还是"笔的战士""太上……三不朽"等，都是舆论界或经典著作中的言论，借助这些言论来赞美金庸，显然既不失公允，又能恰到好处地给对方以满足。

在第三方面前夸奖他

人总是喜欢被夸奖的，尤其是在有他人在场的情况下，更是极大地满足了他的虚荣心。试想一下，有一天，一群人在聚会时，有人告诉你："唉，你真是太有能力了，大学毕业这才几年啊，你就买了房，买了车，太厉害了，真是佩服啊……"这么多人面前，你的内心是什么感受，一定是极为得意吧？而这种赞语，如果在只有我们一个人的情况下说出来，或许反而会使我们感到虚假，或者疑心他有目的，远没有当着大家的面听来这般悦耳。

这一点尤其适合用在亲子沟通中。现实生活中，许多家长会在心里觉得自己的孩子很优秀，在家的时候也会表扬他，但当着外人却往往会贬低自己的孩子，好像要当着别人表扬就是炫耀、是骄傲、是不谦虚。这样的做法实在是大错特错。不仅会让或者的自尊心受到伤害，更会严重地打击了他的上进心。

事实上，真正懂得表扬艺术的父母，反而应该是：当只有两个人的时候，对儿童相对严格，在外人面前，却总是多多夸赞自己的孩子，这样的态度才会让儿童产生自信。当然，你也不能为了维护自己的面子而把儿童当作炫耀、吹嘘的对象，肆意夸大儿童的优点。如果我们过分地夸耀，就会暗示给儿童“父母的话是虚伪的，我没有那么好”的信息。有了一定判断能力的儿童就会对我们产生不信任感，甚至怀疑自己。只有真诚的、有理有据的赏识，才会让儿童得到积极的暗示，并更加强化自己的行为。

在背地里说些赞扬他的话

当你直接赞美对方时，对方极可能以为那是应酬话、恭维话，目的只在于安慰自己。要是通过第三者来传达，效果便会截然不同。

《红楼梦》中就有一段颇为经典的描绘。一天，史湘云和薛宝钗劝贾宝玉做官为宦。贾宝玉听之，大为反感，对着史湘云和袭人说：“林姑娘从来没有说过这些混账话。要是她说这些混账话，我早和她生分了。”宝玉在说这番话的时候，凑巧黛玉从窗外路过，无意中听见，不觉又惊又喜。此后两人感情大增。在黛玉看来，宝玉是在背后赞美自己的，而且不知道自己会听到，这种赞美就不是刻意的。如果宝玉当着黛玉的面说这样的好话，生性多疑的黛玉可能会认为宝玉是在讨好她或打趣她。

可见，与其当面赞扬不如通过第三者间接赞扬效果更好。因此，不妨在当事人不在场时，背地说些赞扬他的话。而且，你完全不用担心你所赞美的人会听不到你的赞美，相反，正所谓“世上没有不透风的墙”，你对对方背后的赞美，很容易就会传到对方的耳朵里，对方也会因此对你另眼相待。

感觉被关注，能更大程度调动人们的积极性

心理学家发现，一个人是否感觉受到尊重和关注，对他们的做事效率有着重要的影响。他们从美国西方电器公司霍桑工厂的一个装配电话中继器的大车间中，选出六名女工作为被试者，做了一个实验：

工厂让她们先在一个一般的车间里工作两个星期（第一个时期），以提供一个正常生产率的标准。然后，再把她们从车间安排到一个特殊的测量室。这里除了可以测量每个女工的生产情况外，其他条件都与主要装配车间相同。她们在这里工作的五个星期（第二个时期），工作条件没有发生变化。第三个时期，改变了对女工们支付工资的方法。以前，她们的薪金额取决于整个车间（一百个工人）的产量，现在只取决于她们六个人的产量。到第四个时期，在时间表上安排五分钟的工间休息——上午一次，下午一次。第五个时期，工间休息的时间增加到十分钟。第六个时期，建立了六个五分钟的休息时间制度。第七个时期，公司为工人们提供一顿简单的午餐。在随后的三个时期里，每天提前半小时下班。第十一个时期，建立了每周工作五天的制度。最后，到第十二个时期，原来的一切工作条件全都恢复，与女工们开始工作时的环境条件完全相同。

最后得出的结果是：不管条件怎样改变——增加或减少工间休息，延长或缩短工作日，每一个实验时期的生产率都比前一个时期要高，就是说，女工们的工作越来越努力，效率越来越高。

虽然这种结果可能是多方面的原因造成的，但心理学家认为，最主要的原因，应该是女工们感到她们是特殊人物，她们受到了格外好的待遇，她们

在参加一项有趣的实验，期望进行例外的工作，引起了人们极大的注意，因而感到愉快、自豪，愿意遵照实验者的要求去做。结果，她们的工作就越来越努力，可以说每一次工作条件的改变，都刺激了她们效率的提高。

也就是说，当一个人感到自己受到特殊的重视、信任和期待，他就会尽一切可能按人们所期望的去干好每一件事。在沟通中，我们也可以利用这一心理学规律，对他人予以心理暗示，让他们感到被尊重、被重视，从而更大程度地调动起自身学习、工作的积极性，发挥出更大的潜力。

再具体方法上，下面的几条建议可供参考：

冠以头衔

有一所私立中学，在每年的结业旅行时，学校总要分一些事情给学生去做。但历年被选出的学生都没有兴趣，根本不想去做。有一年，学校把这些选出来的学生冠以“旅行委员”的头衔，结果所有学生都非常踊跃地抢着去做。

在另一所学校里，有一位小学老师刚刚任教时，班上有个性情十分消极的男生，几乎交不到朋友，成绩也节节下降。这位老师在改选班长的时候，故意任命他为班长。这个学生获得这项意外殊荣之后，几乎脱胎换骨，变得活泼、积极，朋友也愈来愈多，成绩更是大有进步。

从这两个事例中我们都可以看到，事情的内容完全不变，但只是冠上了头衔结果就完全不同了。这是因为这种头衔就是在暗示他们：你所做的是个重要的事情，是能够得到承认和褒奖的。这满足了他们要求被关注的欲望，就可以促使他们觉得自己有价值、被尊重，就会干劲儿十足。

“非你莫属”

有一位在某机构的人事管理人员，经手过多次的人员下调案件，都进行得十分顺利，丝毫没有引起任何人的怨言。本来分公司多分布于乡下地区，若非特殊情况，很少有人会愿意去，可他到底使用了什么方法，使那些人都乐意去乡下呢？

他是这样做的。他先将那个分公司批评得一无是处，并扬言必须要一名适当的人选去整顿那个分公司。他说："如果这样下去的话，那家分公司迟早会撑不下去的，所以必须尽快设法解决。但并非任何人都可胜任，而是必须要有相当能力者方可担任。万一人选不当，对公司会有相当大的影响。"

听者在开始时，虽难免会有被流放的感觉，但是听了一席话后，内心会逐渐转忧为喜。因为这种话是在有意无意地暗示：此次重任非常重要，"非你莫属"。

这一方法对于自尊心强的人尤其有效。因为一般说来，自尊心强者大都很有自信，并且无论在任何场合都认为自己与众不同，不愿和一般人混为一谈。如果你可以在不知不觉中使他意识到"为何不去烦劳别人，却偏要烦劳他"的原因——譬如简单的一句话"像这类的难题实非你莫属"，就能满足对方被重视、被尊重的心理，这样，他做起事来也必然会全力以赴。

不露痕迹的恭维比直截了当的赞美更有效

每个人都有喜欢被别人恭维的心理，即使那些平时说讨厌“拍马屁”的人其实内心也是喜欢听恭维话的。但从传统心理上说，人们在受到称赞时又往往会表现出窘迫，不好意思接受直接的赞美，更不好意思轻易赞美别人。

其实，这个矛盾不难解决，关键是恭维话要说得巧妙，不显山露水，不露丝毫痕迹，恰到好处，恭维和被恭维的人就都会怡然自得了。

借题式赞美

借题发挥是赞美的一个好方法，这个“题”可以是人，也可以是事。只要稍加留心，就能在“题”上加进自己的赞美，让对方觉得顺理成章，很自然就会从内心接纳你的赞美。

著名作家金庸，平时最爱好的就是围棋，他的围棋曾受到聂卫平的指点。曾有人问聂卫平：“你有几个围棋弟子？”聂卫平回答：“最好的弟子是马晓春，但真正拜过师的只是查先生（金庸原名为查良镛）一位。”又问：“你怎么叫徒弟查先生？”聂卫平回答：“我崇拜查先生的小说，他的年龄又比我大得多，我们是两头大。”人家再问：“查先生的围棋在香港是不是最好的？”聂卫平考虑半晌后答：“在香港知名人士中第一。”众人大笑，金庸的眼睛更是笑成一条缝。

可见，如果赞美的话能和当时当地的情况气氛相协调，就会让人默默地“陶醉”在赞美之词中。

借题发挥式的赞美主要是含蓄地表达赞美意向，从而不露痕迹地巧妙称赞对方，让对方在不知不觉之中潜移默化地受到融洽气氛的感染。在具体的沟通过程中，借题发挥式的赞美还有很多种，例如我们也可以从对方的职业、籍贯、民族、习俗、地域、特产、气候特点等方面进行——“听说您的母校非常有名，出了许多优秀的人才。”“您是山东人呀，山东真是太厉害了，自古都是英雄好汉。”……总之，只要能找到恰当的“契合点”，就一定会让对方乐意接受你的赞美。

点面式赞美

即不直接赞美对方，而是针对对方的优点，大加赞美其优点所在的层面，这样以面带点，言在彼而意在此，不着痕迹，却使对方如沐春风。

《围城》中的方鸿渐就是这样一位巧施赞美的能手。他经苏小姐介绍认识了苏的表妹唐晓芙，唐晓芙说自己是学政治的，给方鸿渐提供了一个自己还算内行的信息。一般说来，女孩学政治是比较有野心而且缺乏灵气的，因此苏小姐夸她道：“这才厉害呢，将来是我们的统治者，女官。”方鸿渐从她的话里发掘出了闪光点，大加渲染了一番，说：“女人原是天生的政治动物，虚虚实实，以退为进，这些政治手腕，女人生来就全有。女人学政治，那正是以后天发展先天，锦上添花了。我在欧洲听了Emst · Bergmainn先生的课，他说男人有思想创造力，女人有社会活动力。所以男人在社会上做的事该让给女人去做，男人好躲在家里从容思想，发明新科学，产生新艺术。我看此话甚有道理，女人不必学政治，而现在的政治家要想成功，都得学女人。政治舞台上的戏剧全是反串。老话说，要齐家而后能治国平天下，请问有多少男人会管理家务的？管家要仰仗女人，而自己吹牛说大丈夫要治国平天下。把国家社会全部交给女人有多少好处。”方鸿渐一席话说得唐晓芙心花怒放。自然，这一番颇费心思的间接式赞美达到了他预期的目的。

请教式赞美

人都有“好为人师”的自大心理，所以在许多时候，以低姿态有针对性地去请教他人，以自己的普通甚至低劣凸显对方在该方面的高明或优势，可以起到赞美他人的作用。恰到好处地使用此种方式，既成功地赞美了别人，又能给人留下为人虚心好学、进步的好印象。

有这样一个人，他认识许多学术界的泰斗，并常常得到他们的指点。问及他们之间的相识，也是缘于赞美运用得得法。因为有很多人也曾拜访过这些大师，但往往谈不几句便无话可说，很快被“赶”了出来，而他竟成为大师们的座上客，其中自有奥秘。

其实，他作为准备在学术领域有所建树的人，自然也很仰慕这些大师，也深知要拜访这些人不易。因此，在每次拜访一位第一次见面的专家时，他都是先将这个人的专著或特长仔细研究一番，并写下自己的心得。见面之后，先谈及其专著和其学术成果，并提出自己的想法。由于他谈的正是大师毕生致力于其中的领域，自然也就激起大师的兴趣，并有了共同话题。再接下来的谈话中，他又提出自己不理解的地方，请求大师指点，在兴奋之际大师自然不吝赐教，于是金文既达到了结交的目的，又增长了许多见识，并解决了心中存在的疑惑，可谓一举多得。

此例中，这个人就在有求于人时，巧妙地运用了请教式赞语。自己所请教的，正是对方引以为自豪并最感兴趣的，这样自然使对方高兴，使其心理得到满足，此时，他的问题也就不成为问题了。当然，这个例子，只是生活中的一个方面，如果运用恰当，在生活的方方面面，都能行得通。

面对自尊心比较强的人，请将不如激将

俗话说："树活一张皮，人活一张脸。"面子在丰富的中文语汇里是一个古老的概念。在中国社会中，它代表着体面、人格，甚至尊严。既然我们如此爱惜面子，那么就必然会为面子而打拼。在大多数情况下，很多人信奉"不争馒头争口气"的道理，到了一些场合，宁愿咬牙出血，也要保住面子。

这时，激将法也就派上了用场。激将法，本指用刺激性的话使将领出战的一种方法，后泛指用刺激性的话或反话鼓动人去做某事的一种手段，就是通过触发有些人好胜心，促使对方在犹豫不决时做出决断。

就其方法而言，不外乎以下几种：

当头棒喝激将法

就是面对面直截了当地来刺激对方，羞辱他、激怒他，以使他的自尊心激发起来。

某厂改革用人制度时，对中层干部实行毛遂自荐。其中有一个能力技术俱佳的技术员乃众望所归。然而，不知为何他迟疑难决。在厂领导的暗示下，一位老工人找到他，言辞激烈："你不也是一位大学的高才生吗？大家都对你寄予厚望，没想到你这么没出息，连个车间主任的位子都不敢接，真是窝囊废！"

"我是窝囊废？"这个技术员腾地站起来，说："我的大学白上了，连个车间主任也当不了么？"说完就激情满怀地走进厂领导的办公室。

不过，这种方式虽然有时会起很大作用，但却不能滥用。因为它在使用时会直击对方的自尊心，如果时机、语言、方式中有一点不对，或者太过分，就会导致对方的不满和愤怒。所以不要过多、过于强硬、过于苛刻地使用这种方法，否则不但很难起到“激将”的作用，反而会让你和对方反目成仇。

对比激将法

人都有争强好胜的心，对比激将法的原理就是刺中对方不甘落后于他人的自尊心，使他萌发一种非要超过第三者，以胜利者的姿态昂然屹立的念头。

例如，在亲子沟通中这种方法就十分有效。有一个曾经对女儿的邋遢束手无策的妈妈，一次暑假，把女儿的小表姐接过来玩。小表姐是一个爱整洁的小姑娘，自从她住进来之后总是把她们住的小房间收拾得整整齐齐。暑假过去了，妈妈惊奇地发现，原来那个邋遢的女儿不见了，她变得和小表姐一样爱整洁了。而这个小姑娘之所以改掉了邋遢的坏习惯，并不是因为父母的说教，而是靠同伴的影响。在比较中她感受到了自己的不足，自觉改正自己的毛病。

还有些家长利用儿童的偶像或喜欢的动画人物来纠正孩子的坏毛病，其实用到的也是对比激将。比如，一个孩子每次吃完饭都不爱擦嘴巴，还任性地说：“我不喜欢擦。”妈妈就对她说：“你不是说你像白雪公主的吗？白雪公主吃完饭就会把嘴巴擦干净。”这可能就会激起儿童的上进心和羞耻心，从而养成讲卫生的好习惯；还有些家长找到一些关于儿童喜欢的偶像的生活报道，选取一些关于他讲究卫生或者严于律己方面的内容在茶余饭后和儿童闲谈。看似漫无目的，但是对于自己崇拜的偶像，儿童是愿意效仿的。

不过，对比激将法在运用时，最好不要直接拿他与其他人相比，而应该是旁敲侧击，让他自己给自己施加心理压力，如果你直接跟他说，你比不上谁谁谁，不但不能激发对方的斗志，反而可能打击了他。

正话反话激将法

正话反话激将法，即有目的地用反话刺激对方，使对方从自我压抑中解脱出来，代之以上进心、荣誉感、奋发精神，从而达到新的心理平衡。

某服装公司打算参加一年一度的一个服装节。在派谁去的问题上，老总就采用了这种手段。他让人把市场部副经理叫到办公室，谈到参加服装节一事，故作忧虑地说："这件事派X经理带队最好，可是他去广州开会了；Y主任也行，不巧他明天就要动身去北京参加洽谈会。看来找个合适的人还真不容易。"说到这里，偷偷看了副经理一眼，观察他的反应。

听到老总一席话，公司市场部副经理心里很不是滋味，心想："X经理、Y主任有事不能带队参加，但是我有空啊，我什么地方比他们差啊？"想到这里，他站起来说道："老总，如果你信得过我，就让我去吧！"

"你？你行吗？"

"为什么不行？这点自信我还是有的。放心吧，我不会让你失望的。"

果然，在规模盛大的服装节上，副经理带领的某服装公司以组织得力、表演优秀受到了组委会及参加者的一致好评，取得成功，他在整个组织过程中表现出了非凡的才能。

老总那种怀疑的口气，其实是在暗示副经理：如果他做不到，对他的评价自然没有那些能做到的人高。这就刺激了他的自尊心和好胜心，反而主动请缨，并且发挥潜能，把事情做好了。

除了故意用不信任的眼光针对个人，还可以针对具体事件，比如提出："这件工作太难了，我看算了！"然后询问对方的意见，此时若对方是一位自尊心强的人，相信他会拍胸脯保证说："什么？那种工作我完全可以干好。"

但是，不管方法如何，你都要谨记：激将法的使用，一定是建立在准确把握对方心理的基础上的。只有好胜心强的人才激得起来，而且，也只有心理健全、不鲁莽的人，才不至于因愤怒而丧失理智，莽撞行事。在具体沟通过程中时，我们一定要根据不同对象，采用不同的方法去与之沟通。

“望梅止渴”，会使人顿时信心大增

有一群即将从美国哈佛大学毕业的、意气风发的天之骄子，他们在智力、学历、环境条件上也都相差无几。临出校门前，哈佛对他们进行了一次关于人生目标的调查。结果是这样的：27%的人，没有目标；60%的人，目标模糊；10%的人，有清晰但比较短期的目标；3%的人，有清晰而长远的目标。

25 年后，哈佛再次对这群学生进行了跟踪调查。结果：3%的人，25 年间他们朝着一个方向不懈努力，几乎都成为社会各界的成功人士，其中不乏行业领袖、社会精英；10%的人，他们的短期目标不断地实现，成为各个领域中的专业人士，大都生活在社会的中上层；60%的人，他们安稳地生活与工作，但都没有什么特别成绩，几乎都生活在社会的中下层；剩下 27%的人，他们的生活没有目标，过得很不如意，并且常常在抱怨他人、抱怨社会、抱怨这个“不肯给他们机会”的世界。

何以出现如此大的差别？其实，他们之间的差别仅仅在于：25 年前，他们中的一些人知道自己想干什么，该干什么，而另一些人则不清楚或不很清楚。我们也许无法确定这些数据的精准度，但在这里，我们依然可以得出一个结论——一个人只有对前景充满信心，抱有希望，才能激发动力，引发其努力拼搏、奋斗，最终到达成功的彼岸。

引申开来，这一心理学结论对人际沟通同样有着指导意义。那就是：假如我们想让别人做我们想让他做的事，或者想让他们对自己所做的事情充满信心，就可以给他描绘这件事的美好前景，从而刺激他的欲望，激发他的干劲。

事实上，这和曹操使用的“望梅止渴”的心理策略有异曲同工之妙。曹操带兵在烈日下行军，士兵们渴得很，为了激励士气，曹操就对士兵们说：“前面不远处有很大的一片梅树林，梅子特别多，又甜又酸，到时我们吃个痛快。”士兵们听了，一个个都流出口水来，不再嚷渴了，行军的速度也加快了。当给人们展现前面的美好景象，就是在暗示人们——这是值得努力去获得的，从而大大激发人们去追求它的干劲儿。

其实现实生活中，懂得利用这一心理学技巧的人也不在少数。例如，公车上的售票员就深谙此道。当公共汽车上乘客已然客满，但大多数人都站在门口不想往里移时，售票员就会对人群大喊：“往里走，里面还有许多空位！”那么多数乘客都会往里移动，即使发现受骗也不会在意。如果只是说“拜托各位往里面挤一挤！”那么，任凭售票员如何扯破嗓子也无法说动乘客。可见，给人们展现出美好前景——“里面还有空位”比干巴巴一句“请别站在门口”更容易推动人。

还有管理者，也会经常用到的这个策略。比如，与其对下级说“赶紧将这份工作完成”，不如说“你若能尽快将此事做完，就必定会有更充裕的时间应付下一份工作”。那么员工现在虽然辛苦，但是敌不过对下一份工作则有时间更充裕的诱惑。

销售员，更是懂得应用这个心理规律。在英国航空公司，当你走进旅行社，希望拿些到夏威夷度假的资料时，突然你会发现有人递给你一件夏威夷式衬衫，接着又给你的脖子戴上一个花环，紧接着又奉上一杯清凉可口的菠萝汁，并向你详细介绍威基基海滩，而且，背景中在播放着轻柔的吉他音乐。当你喝完饮料，工作人员问：“您想何时动身？”许多人都会回答：“就现在吧！”这种销售秘诀之所以成功，就是因为销售员通过各种举动，把旅游的美好前景暗示给客户，使客户对这次旅游充满期待。

| “最后期限”可以轻易点中人的心理死穴 |

英国历史学家、政治学家诺斯科特·帕金森经过多年的调查研究，发现：一个人做一件事所耗费的时间差别如此之大：他可以在 10 分钟内看完一份报纸，也可以看半天；一个忙人 20 分钟可以寄出一叠明信片，但一个无所事事的老太太为了给远方的外甥女寄张明信片，可以足足花一整天：找明信片一个钟头，寻眼镜一个钟头，查地址半个钟头，写问候的话一个钟头零一刻钟……特别是在工作中，工作会自动地膨胀，占满一个人所有可用的时间，如果时间充裕，他就会放慢工作节奏或是增添其他项目以便用掉所有的时间。

帕金森的结论是：“一份工作所需要的资源与工作本身并没有太大的关系，一件事情被膨胀出来的重要性和复杂性，与完成这件事怕花的时间成正比。”这就是著名的“帕金森时间定律”。

也就是说，你以为给对方很多很多的时间完成一件事就可以提高他的工作质量，但实际情况并非如此，时间太多反而容易使他变得懒散、缺乏紧迫感，且效率低下。从这个意义上来说，帮助他人设定一个不可逾越的完成任务、实现目标的期限，是十分必要的。

事实上，经常拖延的人，之所以很难达成目标，往往是因为他们一直在忙着制定目标，而又不对完成目标的时间加以限制。比如说要求自己“这件事必须要完成”“我准备花 1 个月的时间完成这项新任务”等。由于缺乏时间期限，人感受不到完成这件事的紧迫性和重要性，所以事情被不断地搁置下来，悬而未决。

例如很久以前，哈佛商学院的一个行为问题调查组就曾经对一百名将毕业的大学生进行过一次抽样调查。调查人员向每个人提出这个问题："二十年以后，你希望在什么地方，希望从事什么工作？"这一百名即将毕业的学生人人都对调查员说，他们想发财、出名、经营大公司，或者从事能影响和主宰我们所生存的世界的重要工作。这似乎理所当然，因为哈佛大学历来即教育他们的学生，要出类拔萃，要保持名列前茅。因此，调查人员对得到的回答并不惊奇，但是，二十年后，在那些未来的杰出人物之中，却出现了令人们大为吃惊的事情。

在被询问的一百名学生中，有十个人不仅决心征服世界，而且清清楚楚地写出了目标时间表，说明他们什么时候即将取得什么成就，而其他学生皆没有。二十年以后，这些调查员惊奇地发现那十名毕业生的财产竟占那一百名学生总财产的96%。这意味着那十名学生的成功率超过同班同学的十倍！

这说明，在定下目标的同时写上期限，确实会促使人们按时完成任务，避免拖拉。

因此，我们在激励他人做事的时候，可以先帮助他们制定一个具体的时间表，强迫他们在约定的时间分阶段地完成任务，这才不至于让他们到最后关头拼命地赶、完不成任务，或者影响做事的质量。

另外，人们做事情都是为了追求快乐，逃避痛苦。因此，在给对方规定"最后期限"的同时，你还要让他们清楚地知道，如果突破这个期限，会给自己带来什么后果？自己是否能承担起这个后果？……相反，你也可以告知他们如果及时地完成任务，自己将获得多少快乐？能多赚多少钱？少承受多少压力？……

当他们充分意识到"过期"可能导致的严重后果和"按期完成"可能带来的好处时，才能主动地节制拖延的行为，逼迫自己赶在期限前把事情做完。

其实，这一心理学策略也是一种很有效的营销方式。因为很多时候，消费者之所以会优柔寡断，在很大程度上是"还有"意识在作怪——还有希望，还有时间，还有一次，还有更好的，等等，要让消费者尽快下决心，就要打消他们的"还有"意识。而从心理学角度来讲，"最后"意识就是"还有"

意识的对立面。一旦对方明白自己的期待是毫无意义的，他就会像你所期待的那样，早下决心。例如，超市里的导购员大声吆喝：“价值 66．5 元的超值套装，今天仅售 28．5 元，各位朋友，机会难得！”其直接结果就是很多消费者听到这样的消息都会争先恐后地跑去抢购。

而且，你设置的这个最后期限越彻底，其短缺的效果也就越明显，而因此引起的人们的拥有欲望也就越强。这在销售人员进行产品推销的过程中是很有成效的。因为这就暗示了消费者，除非现在就选择购买，否则以后再买的话，就需要支付更多的钱，甚至根本就买不到。这无疑给消费者施加了高压，使其在与自我的斗争中努力地去说服自己购买。

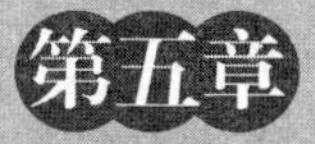

否定拒绝的艺术

——“不”字打太极，拒绝他人也可以不树敌

委婉的拒绝方式，会让人知难而退

我们常常会听到有人这样说：平生最怕的事情就是拒绝别人。其实这是大多数人的普遍心理。的确，很多人，包括一些处世高手，在如何拒绝他人这件事上，都是很费脑筋的。往往是出于爱面子和怕得罪人的心理，在别人提出一些要求或者请求帮助的时候，即使自己力有不逮，也往往要勉为其力，拒绝的话就是说不出口。

固然，一开始即斩钉截铁地说“不”，委实不妥。但是，如果是在答应后方觉不妥，而且又力不从心难以履行诺言时，再改变心意拒绝对方，显然已经太迟。因为，等无法做到允诺的事情时再拒绝，给人的印象更糟，甚至需要付出相当的代价去弥补缺失或兑现承诺。如果再因为此事而与要求请托的对方发生不愉快，甚至产生怨恨、敌视，演变成双方人际关系上的对立与冲突，岂不更得不偿失？

其实，拒绝别人也并没有你想象中的那么可怕，那么困难。掌握一些委婉的拒绝方式，就会让他人自动收回请求了。

装糊涂

这个世界不是黑白的，在黑白之外还有一个灰色的模糊地带，“装糊涂”也许正是黑白之外的模糊地带，是换一种方式，模糊处理生活中的某些事。

曾有位女士对林肯说：“总统先生，你必须给我一张授衔令，委任我儿子为上校。”林肯看了她一下，并没有回答。女士继续说：“我提出这一要求并不是在求你开恩，而是我有权力这样做。因为我祖父在列克星敦打过仗，我叔父是布拉斯堡战役中唯一没有逃跑的士兵，我父亲在新奥尔良作过战，我丈夫战死在蒙特雷。”林肯仔细听过后说：“夫人，我想你一家为报效国家，已经做得够多了，现在就把这样的机会让给别人的时候到了。”

这位女士本意是恳求林肯看在其家人功劳的分上，为其儿子授衔。林肯当然明白对方的意思，但是他采用装糊涂的方法拒绝了对方的请求。

生活中，我们也可以利用这一方式来处理一些棘手的事情。比如，对一个你并不喜欢的追求者，接踵而至的情书，一定让你感到难以招架。如果你不愿明说，就可以装装糊涂。你可以把所有的求爱信打印出来，然后连同底稿交给了当事人，同时微笑着对他说：“你让我打印的材料，我帮忙全部都打好了，现在交给你。不过，以后我就没有功夫再帮忙打印喽。”相信他一定会明白你拒绝的意思。

这种装糊涂的拒绝方式，既不会伤害对方，也可以达到拒绝的目的。

虚构“后台”

其实有的时候你根本不用绞尽脑汁去想那些拐弯抹角的拒绝话，只需要将事情无法达成的原因转移到第三者的身上，即借用“别人的意思”拒绝对方，来表明自己心有余而力不足。既然是由于第三者的阻碍而无法达成，自然不会伤害你们两人的感情。

比如你可以说“我的朋友说……”“我的同事说……”“大家都认为”，但其实这些所谓的“朋友”“同事”“大家”可以是根本就不存在的人。例如一位家庭主妇就是靠这种拒绝方式一次又一次获得了宁静。每当推销员上门，她都彬彬有礼但态度坚决地说：“谢谢你来推销，但是我丈夫不让我在家门口买任何东西。请你理解我一个做妻子的难处。”这样，推销员就知道了这个人肯定不会买他的商品，因此也就不会再在她身上浪费时间推销下去了。

所以，必要的时候，我们都可以虚构一个“后台领导”，把自己的意愿归到这个虚构的人身上，表现出一种对决策的无权控制，从而全身而退，拒绝效果也会立竿见影。

幽默方式

著名心理学家弗洛伊德觉得，假如以幽默的方式与人亲近或拒绝别人，就会很容易被对方接受。这种方式是被社会普遍认同的，它可以让人把压抑在内心深处的情感和思想释放出去。你可以在轻松愉快的交谈中表明自己拒绝的意思，被拒绝的人也可以很舒服地接受。这样双方都会在轻松舒适的氛围中很快淡忘这件事情。

例如，有一位“妻管严”，被老婆大人命令周末大扫除。正好几个同事约他去打打球，他只好说：“我真的很想去和你们较量，但是结婚以后，周末就经常被没收了啊！”同事们哈哈大笑，也就不再勉强他了。

幽默不是天赋，是一个人智慧的巧妙运用，所以，我们可以在后天培养自己的幽默感，并试着把它恰当地运用到生活中，尤其是在拒绝或者批评他人这一类破坏人际关系的特殊时刻，你若能带着幽默感，就会发现有意外的收获。

拒绝的语言也可以用身体“说”出来

相关理论分析指出，在新生儿吮吸了充分的奶水后，他就会左右摇头晃脑，以此表达对母亲的乳房的拒绝。幼儿在吃饱了以后，也会用摇头晃脑的动作来抵抗长辈们喂食的汤匙。由此可见，拒绝的身体语言，实际上要比口头语言出现得更早。

也就是说，要想拒绝他人，我们可以不必明确说出来，用身体的动作也可以。

除了最常见的摇头外，可以表达拒绝意思的身体语言还有很多。例如：

避开视线

眼睛最善于传情达意，在沟通的过程中，人们往往会采取积极的眼神交流，通过双目的交流，双方的感情才能沟通。反过来说，如果你需要拒绝，则要尽量避免眼神交流。躲避对方的眼神，这看起来似乎是一种不好意思的习惯性动作。而事实上，它更多表明的是一种拒绝的态度。对方从你躲避的眼神中，就可以看出你的态度。

据说索尼的董事长井深大，当他对对方的话不再感兴趣时，便不慌不忙摊开报纸来看。还有一位评论家，每逢有自己不喜欢的访客到来，他就会一边说话，一边整理自己的名片，如果有访客根本不受暗示，他就开始解周刊杂志的猜谜，想一会儿、写一会儿。对方见此，通常就不得不知难而退了。不管是看报纸、看名片，或者也可以看手表，其实表达的意思都是一样的，就是：眼睛故意不看对方，而是看着身旁的别处，都是期望中止谈话的暗示。

身体做出防卫动作

在拒绝的过程中，我们要尽量学会运用一些恰当的动作，以便提高我们的拒绝力。

比如，双手交叉放在胸前。我们常常见到老师会摆出这种姿态，医生在同行中也爱做出这样的姿态，小孩在反抗父母的说教时，也会这样。照达尔文的说法，似乎这种姿势在全世界都是表示防卫。因此，如果你要表达拒绝，或坚持自己立场的时候，就可以将你的双手环抱，置于胸前。例如，如果你的下属就一个问题想出了一个策划方案，并提交给了你。但是，提案中出现的内容，让你不赞同或不满意，你就可以将双手交叉在胸前或者两脚重叠，更甚至改换双脚重叠的姿势。也许他就会明白这是你对他的意见表示出了强烈的反对。

再比如正襟危坐，挺直腰身。我们注意到，人与人打架时，相对面的两人，总是无意识中耸起肩膀，张肘使劲。这种方式的目的，就是为了让自己看起来高大，显示气势。因为显得高大的身体，能够给人更加沉重的压迫感，这可以很好地对人心施加影响。对于拒绝而言，也是十分有利的。如果你的身形不够高大，那么你要尽量地正襟危坐，挺直你的腰身。这会帮助你增加拒绝的气势。另外，要特别说明的是，傲慢的动作，高昂的脑袋，也可以运用于拒绝中，同样可以增强拒绝的效果。

另外，倾斜身体，侧身对着对方也可以加强拒绝的气势。该动作源于战斗姿势，在不少的武术当中，都有使用这一姿势迎敌的。当你将自己的身体侧对某人，就有一种迎战的意思在里面，会给对方造成坐立不安的感觉。。在拒绝的时候，如果采取这个姿势，表达拒绝和对抗的态度会十分强烈。即便你不说话，气势也已经把你的“不”的意思传达给了对方。

紧张与放松姿态交替重复

根据美国的精神医学者阿尔巴德·谢弗林博士的研究获知，当一个人把放松的态度和认真的态度交替重复时，会使对方无从理解你的肢体语言，以致失去说服你的线索。

比如，当你明确对方的意图，并且决定采取拒绝态度是，就可以这样做：最初采取所谓倨傲自大态度的开放性姿势，脚伸到前面去，两手在头部后面交叠，这是代表性姿势。一会儿之后，挺直背部，用身体向前面微微探出，做倾听状，面对对方。这一连续的动作会影响对话人的注意力，导致对方目标丧失。第一个姿势是放松的，会让人觉得自己的话无趣；第二个姿势是紧张的，会让人觉得自己的话有趣。重复变换姿势，就会让对方不知道你的兴趣在哪里。在拒绝过程中，如果你能够不断使用这种变换的动作，便可以在不知不觉的情况下，消磨掉对方继续说下去的信心。

隔着桌子沟通

有关学者的研究表明，地盘意识的强弱会直接作用于拒绝力。我们看身边很多事物，都可以了解人们内心的地盘意识的强弱。那些喜欢阔大事物的人，通常地盘意识比较强烈。而拥有了阔大事物的人，则在事实上具有更为强大的拒绝力。这一点从办公桌的大小可以略见一斑。

事实上，许多人就是运用这种地盘观念的代表性物品，来增强自己的拒绝意志的。例如有个业务员在谈到自己的经历时，这样说道："我曾到一个公司推销商品，到经办人的桌子面前，我感觉很不舒服。不知道为什么，坐在那里就会有一种不愉快的感觉，想说的话也说不出来了。那张桌子隔着我们，感觉彼此离得很远，这不利于我们进一步的沟通。于是我知道这家伙显然不想和我沟通，虽然他一副和蔼的样子，看上去似乎很欢迎我，事实上最后我们没有达成协议。"

为什么会发生这样的事情呢？因为桌子是人的自我延伸，它会让对面的人心中自然形成一道看不见的墙，隔开彼此之间的距离。此时他会觉得你与他其实很远，你们根本没有想象中那么亲近。这种距离上的疏远，就可以帮助我们传达自己的拒绝之意。

这样看来，想说“不”时，桌子就可当有效的武器使用。如果你面前的桌子不够大，造成的距离不够，你可以在桌子上放一些东西，以增加间隔物的方式，在两人间筑起一道高高的墙。通过身边的一些小道具，也可以做一些间隔动作，比如将香烟盒子、打火机、袖珍型书本、口香糖、小钱包、钥匙包等小物品，放在两个人中间，这会形成一种间隔感。

最好的拒绝，是把他人的请求堵在口中

事实上，不管我们用何种方式拒绝，都必然会伤害到对方的感情。可现实情况却是：我们不可能每时每刻都说“是”。既然如此，那么最好的拒绝方法就是不要让他人的请求有机会说出口，这比对方说出来再遭到你的拒绝要好多了。

当然，你不能直接跟对方说：你不想听他说了。你需要使些手段，下面是心理学专家的一些建议：

不太积极地附和

当你觉得对方想要提出让你为难的请求时，我们说话就不能太积极地附和对方。相反，不但不要鼓励对方说下去，还要采取一点暗示方法，使对方的兴致下降，自动结束他的谈话。

那么怎样降低对方谈话的兴致呢？你可以使用一些微妙的技巧。比如，在措辞上，你可以多用“但是”（隐藏一点对抗的意味）、“反正”（含有自暴自弃的意味）、“那个”、“那件事”、“你看”（有似是而非的意味）、“也许是吧”、“可能吧”、“就是这样”、“以后再说吧”（有不想详细讨论之意）等没有特定意义的词语，或者用“……吗”“……就是啊”等结尾语（有消极的意味）。这些话就是暗示对方：自己对他的话没有很大的兴趣，不打算积极地回应。这会使对方情绪下降，没有兴致继续谈下去或提出要求了。

另外，我们还可以想办法打断对方的谈话，以降低对方谈话的兴致。因为从心理上来说，当一个人兴致勃勃高谈阔论时，如果被突然打断，就像被泼了冷水，说话的热情就可能被浇灭。因此，如果想早点结束谈话，我们可以找些事打断谈话，反复运用几回，对方便不想再说下去了。比如，你可以找点事由离开谈话现场。你也可以在交谈中突然插上一些牛头不对马嘴的话，如："什么，你说什么？""再说一遍""等一下""对不起""打一下岔儿""等一等"。还可以说些转换话题的话："虽然你这么说，但是……""有时候""你的话使我想起……""我的看法可能和你不一样""我这话与你无关""你说的就是这么一回事"，"尽管如此，然而……"这些话表面上似乎是同意对方，实质却是要中断、推翻对方的话语，因此可以暗示对方，不想跟对方继续说下去了，那么即使他有什么请求也不便说出口了。

拉开心理距离

人际关系疏密是依彼此间的心理距离而定的。如果对方发现彼此心理距离很远时，一定不会再勉强提出他们的要求了。

如果你面对的是陌生人，可以用冷淡拉开距离。我们都知道，推销员的花言巧语，经常诱使许多人加入多余的保险，或买一些不必要的东西。这些顾客为何会被说服呢？因为推销员会想尽各种办法，突破顾客心中的防御墙。如何使自己不被推销员说服呢？推销员的第一步是解除买主的警戒。我们一打开大门，他们就等于成功了一半。因此我们最好就是根本不让他进门。或者在他们进门之后，我们不予以理会，表示冷淡的态度，不让他们进入我们"心灵"的大门，避免心与心的接触。这样，再能干的推销员也无计可施。

这个做法对陌生人有效，但是对于认识的人就不太适合。若是对关系亲密的人表示冷淡，会伤害到对方，当面拒绝要求，更会损害双方的关系。若是不想伤害对方，却又要拒绝对方的要求，一个有效的方法是使用"敬语"，和对方拉开心理的距离。一位处理家庭纠纷的社会工作人员就曾透露："离婚的夫妻，彼此用敬语交谈时，其实关系已经不再亲密。使用'敬语'，就是他们心理距离拉长的无意识的表示。"如果我们对亲密者用敬语交谈，就避免了心灵上的接触，当对方感觉到我们使用客套话，就会发现心理距离已经很遥远，就不会再勉强提出请求了。

养成隐藏自己的习惯

一般来说，他人之所以会向你提出请求，一定是看中了你的能力。如果你不希望为别人的请求所累，就应该养成在适当时候隐藏自己的习惯，而不是锋芒毕露。

在这一点上，华为总裁任正非就受益匪浅。据资料显示，1998年，华为以80多亿元的年营业额，雄踞当时声名显赫的国产通信设备四巨头之首，势头正猛。而华为的首领任正非不但没有从此加入明星企业家的行列中，反而对各种采访、会议、评选唯恐避之不及。一次国际电信展上，华为总裁任正非正在公司展台前接待客户。一位上了年纪的男子走过来问他：华为总裁任正非有没有来？任正非问：你找他有事吗？那人回答：也没什么事，就是想见见这位能带领华为走到今天的传奇人物究竟是个什么样子。任正非说：实在不凑巧，他今天没有过来，但我一定会把你的意思转达给他。

关于任正非还有很多故事。有人去华为办事，晕头转向地换了一圈名片，坐定之后才发现自己手里居然有一张是任正非的，急忙环顾左右，斯人已踪影不见。有人在出差去美国的飞机上，与一位和气的老者天南地北地聊了一路，事后才被告知那就是任正非，于是懊悔不迭。这些多少有点传奇的故事都说明了一个问题，那就是正因为任正非低调做人，才有更多的时间和精力带领着华为再创辉煌。

有困难就求助于强者，这是处于弱势地位的人在一般情况下都会产生的一种想法。如果你可以向对方示弱，不仅可以将他的请求堵在口中，有时还会激发出他人独立做事的潜能，反而有助于你们之间关系的融洽。即使你位高权重，也可以通过偶尔示弱的方法，来摆脱一些不必要的麻烦。

沉默是超越语言力量的高超拒绝方式

当一个人向你提出某种请求，必然是他十分渴望实现的目标。如果被拒绝，他必定会想方设法用自己的理由来说服你不要拒绝。即使你已经告诉他恰当的理由、给他指明另外的道路，但对方仍旧可能死不放手，依然不愿就这样被你拒绝，那么势必会与你展开争论。但不管最终的结果如何，对你来说都是有弊而无利的。因为即使通过讨论、争执，最终得到的共识依旧是拒绝，你终究已经浪费了大量精力在这件事上，这与我们躲避不必要的麻烦，完成应该做的事情的原则不符。而且如果我们稍微心软一些，在对方咄咄逼人的攻势之下，不慎掉入不得不接受的陷阱，那可就亏大了。

例如我们很多人都经历过被推销各种信用卡，大多数情况下，我们拒绝时会说："对不起，我已经办了好几张卡了，所以不需要。"那么对方则可能抓住你回答中的弱点进行反击："是吗？那您每天带着好几张卡出门，一定觉得很不方便吧！""还好啦！"你的回答通常会是这样，而这就让推销员更有机会深入话题，"其实您完全可以把这些卡丢掉，因为只要您办了我们银行新推出的信用卡，只需要一张就能够走遍全国，甚至在全球八百四十五个城市都可以随时享受我们优质的服务。因为这个月是推广月，现在办的话还可以享受免年费的优惠以及赠品……"无论最终我们是否办了他们银行的信用卡，被对方打扰到已经是无法挽回的事实了，当然更可能是我们会因为对方语言功夫的厉害而拒绝失败。

正所谓"说多错多"，从上面的例子我们也可以发现，有时候我们拒绝的理由中恰恰有对方用来说服我们的武器。因此，如果你觉得对方是辩论高手，或自己不够狠，很可能随时动摇，那么最好的应付方法就是以沉默的态度来拒绝对方。因为没有了回应，再厉害的人也无法抓住语言中的弱点来顺势进攻。

事实上，明星们就常常用这一招来拒绝绯闻。例如，某位明星被曝光与另一明星或社会名流拍拖，一时之间，娱乐圈中掀起轩然大波，各家媒体纷纷想尽办法前去挖掘事件内幕。但是在面对记者们的疯狂追问时，当事人却泰然自若，三缄其口，经纪公司也保持沉默，对此表示一无所知。于是几周甚至几天之后，此娱乐大事件便不了了之了。

一般来说，用沉默表达拒绝之意，是有其适用场合的。比如，上文中提到的被推销时，任凭对方舌灿莲花吹嘘他的产品，我们都不予理会，在这种缺乏反应的状态下，不消几分钟，对方的语言就已经接近匮乏。而且由于得不到预期中的响应，他们的气势和信心也会逐渐降低，直到彻底放弃。这就是“以不变应万变”。

另外，在遭遇他人的侮辱时，沉默也是最好的反抗手段。曾经有一个人忽然闯到一位名人的办公室，直接跑到名人的办公桌前，并且狠狠地敲打着办公桌，撕心裂肺地叫道：“我恨你！我有充足的理由恨你！”接下来，这个人咒骂了长达几分钟。办公室其他的人都感到相当气愤，以为这个名人会将手中的笔狠狠地扔向那个无理取闹的人、或者叫保安进来将这个人赶走。但是，他却没有这么做，他放下手里的工作，平静地看着这个无理取闹的人，那个人越是急躁，他就越平静。那个无理取闹的人被搞得不知道怎么回事，他慢慢地平静了下来，因为得不到反击的愤怒是坚持不了多长时间的。最后，他又在这位名人的办公桌上拍了几下，只好没趣地走了。

面对侮辱，最好的办法并不是争执，而是沉默。在沉默中观察一切，继而掌握一切才是聪明人之所为。不过，如果对方的行为、语言的目的就是要让你沉默，如果这时你恰巧沉默以对，反而会助长对方的气势。例如：当有人侵犯你的正当权益，如性骚扰、冷暴力、无端克扣以及欺压等，对方当然希望你不要有所反应。这时沉默的拒绝便不再有效，正确的做法是尽一切努力让对方明白自己对此相当不满，而且会采取自我保护手段，进行坚决抵抗。

需要特别指出的是，在爱情中，沉默是行不通的。因为有时候，爱人的埋怨、唠叨和挑剔并不是一定必须要一个结果，而是希望引起对方的重视，或者释放一下压力和郁闷的情绪。如果这时你选择默默反抗，失去沟通，就会为两人的关系埋下隐患。只有把自己的想法表达出来，才能有交流的机会，才有解决问题的机会。即便是出现争吵，甚至激烈争吵也没关系，要知道，冷暴力对感情的伤害远远比争吵要严重得多。

善意的谎言可以让对方坦然接受拒绝

虽然，谎言和欺骗在人际沟通中是不可取的行为，但有一种谎言——善意的谎言却有其存在的意义。因为人们通常喜欢听好听的话，而不愿看冰冷残酷的现实。例如：某女孩拒绝一个男孩的追求，原因是男孩的长相实在太抱歉了，令她无法接受。如果对方对简单的拒绝不死心，问及原因，女孩难道要把真实的想法一五一十地说出来吗？当然不行！

因此，很多时候，为了维护双方的关系或对方的颜面，我们即使选择说“不”，也要慎重地想想自己的拒绝理由是否充分、是否能够让对方坦然接受。曾经有心理学家研究表明，善意谎言确实能有效改善人际关系。

一般来说，显而易见的客观条件，如工作忙碌、能力有限、身体状况欠佳等理由，以及明确的价值观评判，如道德底线等理由，是可以明确告知对方的。例如：“我要把明天的会议报告赶出来，没时间帮你。”“我对这件事情一窍不通，帮不上你的忙。”……这样的理由诚恳、真实，足以让请托者放弃对你继续抱着期望。

但如果是一些主观的因素，例如：对于美丑的评判，或毫无原因就是不想帮忙等理由，说出来只会破坏双方的交情时，那么就需要一个“善意的谎言”来充当“挡箭牌”了。

这个“善意的谎言”，最好能遵守下面三个原则，这样才能让它们看起来更像“理由”，更能让对方信服。

从客观角度或个人价值观入手

出于客观或个人价值观的理由更能够让人接受，因为对于该条件，双方都看得很清楚，对方自然可以表示理解。

有一个销售员，在一家公司工作了三年，由于他勤于思考肯于钻研，已经成为公司最优秀的销售人员。恰逢劳动合同即将到期，另外一家公司的销售部门也想高薪挖他过去。经过几轮面试的接触之后，双方都很满意，于是这个销售员决定拒绝续签合同。

然而，这话应该怎么来说却让他感到很苦恼。思考了几天后，他针对自己领导喜欢追求完美的个性，想好了应对的方法。这天，他找到领导，非常明确地表示，希望不续签合同，给自己一段时间去学习充电。并且，说这些话的时候，他用真诚热切的眼神看看领导。

这是领导最能接受的借口，与办公室政治无关，与发展空间无关，与薪水无关，与他的领导魅力也无关。经过几个回合的推脱，如这个销售员所料，双方皆大欢喜。

领导如何分辨他的借口是真是假并不是问题的关键，重要的是这个销售员了解上司，知道应该给他怎样的“理由”他会觉得比较轻松，比较不失颜面。

选择一个并且具体一点的借口

英国心理学家萨盖有一个著名的“钟表定律”——当我们拥有一只手表的时候，可以很容易地知道确定的时间；但是当我们拥有多只手表的时候，这种确定性便随之降低。手表越多，越不敢确定当前的时间。这一定律揭示了一个事实：观点越多，越不知道真理在哪里。也就是说，当你说出一个借口时，已经足以说服对方放弃努力；但如果你为了增强说服力而增加借口，反而会令人感觉你是心虚、做作，从而丧失前面所说的借口的作用。

但同时也就对这一个借口提出了更高的要求。通常我们最常用、也最有说服力的借口就是自己工作繁忙、没空。不过由于这种借口用得过于泛滥，所以无论是真是假，都会给人“找借口”的感觉。要想增加真实感，你就要选择比较具体一点的借口，例如：“我后天要去南部出差，不能陪你去。”或“我明天约了 ××× 谈生意，然后要带他去施工现场看看，大概要到晚上才能回来……”借口具体一点，就会让人相信真有其事，说服力自然也比简单的“我很忙”要强得多。

只在某些特定情况下才用

善意的谎言也是谎言，也是违背诚信的行为，因此不到不得已，还是少用为妙。一般来说，这些时候是适合讲善意的谎言的：当你觉得事情很糟糕，但当家人的情况不适合知道事实的时候，你可以选择隐瞒或部分隐瞒；当他人显然因某件事陷入痛苦，你可以淡化事情的影响，让他想想好的可能，即使你自己知道完全没可能；当他人对即将到来的灾难产生预感，你可以一方面安慰他没有那么糟，另一方面给他分析即使事情发生，也有多种应对方法，让他不那么恐慌……

对那些无能为力的事，你说一句善意的谎言，并不能帮他人解决问题，但却让他人暂时放松了心态，冷静下来开始思考。不论如何，你的谎言都给了他人一个渡过困难的机会。此外，在某些场合，为了保持礼貌和客气，你也必须说出违心的话。例如，办公室的同事穿了一件新衣服，询问大家的意见，即使你认为这件衣服土气，根本不适合对方，也不能直截了当地扫对方的面子，而要选择一些模糊的话来应付，例如“不错”“很好”“看着我也想买一件”，等等。不是每个人都愿意假惺惺，或者有意奉承他人，而是这种谎话实际上包含了对他人喜好的尊重。

当然，通过善意谎言获得的效用和好处，终究还是要以牺牲诚信为代价的。一些对说谎现象颇有研究的心理学家建议，任何人如果想对朋友、亲人、同事说些“善意的谎话”之前，最好还是能好好考虑一个涉及心理反应的问题，即对方如果知道了真相后会感谢你的好意，还是会觉得对你的长期信任被你伤害了。

粉碎他人希望时先保护他的自尊心

很多时候，别人并不是因为我们拒绝了他们的要求不高兴，而是他们觉得自己的面子受到了损害，心中产生了不满情绪，感觉有些“下不来台”。这就要求我们在拒绝别人的同时注意保全对方的面子，如果能让对方体面地接受我们的拒绝，那么结果可能就会大不相同。

三国时期有一个人叫华歆，他为人孝顺而且富有才能，曹操听说之后，于是请皇帝召他进京，准备重用他。听说他要到京城接受皇帝的召见，亲友们送给了他许多金银财物作为贺礼。华歆为人十分廉洁，他不想收受亲友们的馈赠，但他想如果当面谢绝礼物肯定会扫大家的兴，于是他暂时收下了所有礼物，不过他暗中在各份礼物上记下了送礼人的名字。

启程之际，华歆设宴款待诸位宾朋。酒宴即将结束之时，华歆站起来对朋友们说：“承蒙各位的好意馈赠，我原本不想拒绝。然而匹夫无罪，怀璧其罪，我此行去京城路途遥远，身带如此多的财物，大家想想看我是不是会有危险呢？”

大家明白华歆这是借故推脱，不想收礼物，但大家心中都十分敬佩华歆，他没有当面拒收礼物，让自己面子上难堪。当华歆把礼物按照名字一一还给众人的时候，大家也就再没有为难他，各自带回了自己的礼物。

华歆只用了几句话，便退还了大家的礼物，既没有伤害大家的感情，还赢得了众人的钦佩，这都是他善于“拒绝”的结果。他没有坦言拒收朋友的礼物，而是找了一个对自己人身安全不利的理由，虽然朋友们知道他这是在故意推辞，但华歆委婉地保全了他们的面子，他们也便不以此为意了。

可见，拒绝时的“面子问题”是很重要的。那么，如何才能做到在拒绝别人的同时保全对方的面子，顾及对方的情感，不影响双方的情绪呢?

认真听对方把话说完

其实当他人向你提出要求时，他们心中通常也会有某些困扰或担忧，担心你会不会马上拒绝，担心你会不会给他脸色看。

因此，在你决定拒绝之前，首先要考虑对方的自尊心，一定要先认真听对方把请求说完。倾听能够让对方有被尊重的感觉，这样你在说“不”的时候，不会让对方觉得你在应付，也比较能避免使用能“惹恼”他的话。

在拒绝之前倾听还有一个好处。或许听了他的陈述，你能够针对他的情况，建议他如何取得适当的支持。要是能够提出有效的建议或替代方案，对方或许会在你的指引下事半功倍，你自然也会成为感激的对象。如果你指点的途径依然是“此路不通”，相信对方也不会责怪你的，毕竟你是在尽力帮他出谋划策。

除此之外，你还应该隔一段时间主动关心对方情况。有时候拒绝是一个漫长的过程，对方会不定时提出同样的要求。若能化被动为主动地关怀对方，并让对方了解自己的苦衷与立场，可以减少拒绝的尴尬与影响。当双方的情况都改善了，就有可能满足对方的要求。

事实上，拒绝，除了技巧，更需要发自内心的耐性与关怀。只要你是真心，即使说“不”，对方也一定会体谅你的苦衷。

先认同后拒绝

不管对方说什么，都先给予积极的肯定，让对方感到备受尊重，心理上得到安慰，就会减少对方遭拒的失望感和不愉快。

譬如说，在会议上领导请下属积极发言，假如下属的提议他觉得很不妥，他就可以这样说:“嗯，不错，你这个提议很不错，可是目前我们无法采取实际行动。”“好，你的想法特别有创意、以后我们可以再进行深入研究。”……这样的处理方式就运用了先认同后拒绝的肯定式回答，这样的拒绝先可以给对方的想法以称赞和认同的态度，接着再用含有“目前不适合”或“需要再研究”意思的话语来加以拒绝，并且让对方感觉到有被采纳的希望。这种肯定拒绝，就像吃药前先吃糖，让人从感觉上淡化药的苦味，比较容易吃下去。

一般来说，这种先肯定后拒绝的拒绝方式，有它特有的句式，比如："你的看法还是对的，不过……""我也是这么想的，问题是……""你的想法根不错，只是……"等等。一旦我们听到诸如此类的话语，就应该主动有个心理准备，我们要被拒绝了，这样在被拒绝时就不会感到突然和不知所措。反之，我们主动去拒绝别人，也要给别人一个做好心理准备的机会，便于接受被拒绝的事实。

其实，在某些情况下，我们可以不急着拒绝而是顺着对方的思路将错就错，直到得出错误的结论。此时，对方自然会主动放弃，我们也就避免了亲口拒绝的为难，也防止了对方被我们拒绝后的难堪。可以说，这种将错就错的否定也是先肯定后拒绝的一种表现形式。

尽可能使用负面色彩较弱的语言

语言可以影响我们对世界的看法，因为我们是通过语言来理解世界的。语言是思想的基础，思想又是情感的基础。既然是这样，我们就可以通过使用适当的字词，影响别人的情感和思想，既达到自己的目的，又不招人讨厌。

你一定听过这个故事。

一家鞋店的推销员对一位正在试一双舞鞋的妇人说："太太，您的这只脚比那只脚大。"

第二家鞋店的推销员却说："太太，您的这只脚要小于那只脚。"

结果，那位妇人在第二家鞋店买了双舞鞋。

当然话也不是乱说的，具体情况不同，肯定会对你的表达有所制约。不过我们可以尽量地争取，只要能在一两方面消除对方的负面情绪，就可以极大地减少双方关系的破坏力。

一个技巧是，使用中性词语。比如将"你应该"换成"我们能一起做"，"我不能"换成"我能做的是"，"当初如果"换成"未来我们要"，等等。总之，使用开放而非封闭的句式，将自己也融入对方的情境中去。一旦对方出现理解偏差，也要立刻用上述中性词句纠正。如此，对方接收的信息，所给与的刺激就会相应的减弱，被拒绝所给予的冲击，就会不那么强烈。

巧发“逐客令”，撵人的话不言自明

虽说“有朋自远方来，不亦乐乎”，但同时，每个人也都会有想要独处的时候，都有不喜欢被他人打扰的时候。这时，假如有人前来打扰，而这人碰巧是你的好朋友，甚至是患难之交，你想下逐客令，却又害怕伤了彼此之间的感情，这时该怎么办呢？

最好的方法就是：运用高超的心理暗示技巧，将“逐客令”说得美妙动听，既不挫伤朋友的自尊心，又能让他理解到你的难处，知趣地离开。这些技巧包括：

以婉代直

比起冷漠无情的逐客令，婉言提示更使人容易接受。如当来客登门时，你可以用羡慕的口气说：“我什么时候能像你这么有福就好了，你看，我每天都忙得晕头转向。”这种话是在暗示对方：我没时间陪你闲聊。接下来你可以说，“你晚来一分钟我就已经出门去了。”意思是我要出门的，没时间多聊。假如对方还待着不走，过一会儿，你可以说：“对不起，和别人约好了，不能耽误别人太久。我们下次再聊吧！”

以写代说

婉转的逐客令对有些人来说可能并不奏效，如果对方意识不到就失去了作用。对于这类人，可以用张贴字条的方法代替语言，让人一看就明白。例如，话剧《陈毅市长》里有一位著名的科学家，在自家客厅的墙上贴上了“闲谈不得超过三分钟"的字条以提醒来客：主人正在争分夺秒地搞科研，请闲聊者自重。

看到这张字条，纯属闲谈的人，谁还好意思喋喋不休地说下去呢？而且，字条是写给所有来客看的，并非针对某一位，所以也并不会令某位来客难堪。现实生活中，我们可以根据具体情况，贴一些诸如："我家孩子即将参加高考，请客人多多关照"等字样，制造出一种惜时如金的氛围，提醒闲聊者理解和注意。

以进代退

主动出击的姿态，既阻止好闲聊者在你家久留，也会堵住他登门来访之路。你可以递上一本有趣的杂志，给他一张感兴趣的碟片，说："蛮好看的，可惜我太忙了，没时间消受。等我忙出个头绪了，再去你那里拿。"这样先发制人，既联络了感情，又谢绝了闲聊。

同时后面的一句话，也堵住了他回头的路——不让他还，而是你去拿。当你由主人变成了客人，你就掌握了交谈时间的主动权，想何时回家，都由你自己安排了。你杀上门去的次数一多，他就会让你给粘在自己家里，原先每晚必上你家的习惯很快会改变。一段时间后，他很可能不再"重蹈旧辙"。

以疏代堵

闲聊的人无非是闲得无事可做。如果你可以帮他找到他的兴趣爱好，把他的注意力转移到这些兴趣爱好上，他就不会总来打扰你了。

例如，你可以根据他的具体条件，诱导他培养某种兴趣爱好，或种花，或读书，或练书法，或健身。"你的毛笔字可真有功底，如果再上一层楼，完全可以在全县书法大奖赛中获奖！"这话一定会令对方欣喜万分，跃跃欲试。一旦有了兴趣爱好，也许你请他来做客也不一定能请到了呢！

以热代冷

你可以在热情的语言、周到的款待中，暗示你其实很忙。对方一登门，你便笑脸相迎、沏茶倒水，端上糖果，像贵客临门般地忙里忙外。在这种过分的热情中，你故意丢三落四，并说："我呀，就是被那篇急稿折腾糊涂了"，或者不时说，"请喝""请吃……"，"你看我这人就是看不开，坐下来也静不了，还想着那稿子……"如此几番暗示，对方还怎么好意思继续待下去呢？

不过，这种方法只对有品位、识大体的人有效，对于一些生活习惯较为随意，喜欢热闹的人而言，他们也许反而"顺坡下驴"，赖在你家里了。

建议引导的秘诀

——用心理暗示让改变在他人心里悄悄进行

命令只有在其他方式不适用或失败时才用

“命令只有在其他方式不适用或失败时才用。”这是英国教育一家斯宾塞的一句名言，他说：“我们要像一个善良的立法者一样，不要因为去压迫人而高兴，而是因为用不着压迫而高兴。”

这不难理解——因为没有一个人喜欢被支配。如果你给他人试图支配他的感觉，他只能对你产生抵触，敬而远之——但做起来却很难，因为人有时很容易被一种占有和控制的欲望驱使着，想把自己的意见强加给别人，希望别人按照自己的意愿从事。

琼斯女士在 30 岁生日那天，突然想让她先生送自己一件特别的礼物。送什么呢？想来想去，她想到结婚五年以来，先生从来没有为她做过一顿饭。于是，她想让先生下一次厨房。

琼斯女士想要的礼物，对于一般人来说是再简单不过了，但是对于她先生来说，却非常困难。因为这位男士对油烟过敏，一闻到油烟就咳嗽不断，所以特别反感进厨房。但是，琼斯女士觉得是自己过生日，自然自己最大。所以，当先生提着生日蛋糕进门时，她大声向先生命令道：“今天你必须为我做一顿饭。”

先生本来也正有这个打算，但是当他听见妻子命令式的口气后，他的心理变得有些抵触。女士的强硬口气，使他觉得如果自己乖乖地服从命令于，岂不是太没面子了。于是他打消了为妻子做饭的念头，并且装出一副绝不服从的样子，就是不肯进厨房。于是，生日晚餐变成了一场激烈的争吵。

可见，以严厉的口吻去命令别人必须去做某件事情，凡事都以服从你为标准，不仅不会起到正面效果，反而会引起对方的逆反心理，毕竟谁都不愿意像机械或奴隶一般去听从另一个人的命令。这种形式上的压迫即使达到目的，也只会换来口服心不服。

那么，我们应该如何既让他人服从于我们的建议，又不招致反感呢？

实现它的方法就是学会商量。其实，人与人之间的关系，不管双方是何种身份、地位，都需要相互理解、相互尊重。商量的魅力就在于，它能使自己学会从别人的角度思考问题。对方也会因为你对他付出的这份尊重而乐意多考虑你的建议，并对你的人品更加钦佩。

例如美国最著名的传记作家伊达·塔贝尔蔑应邀为著名实业家和外交官欧文·扬写传记，在写作过程中，她访问了一个与欧文·扬在同一间办公室工作了三年的人。这人表示，在那段时间内，他从未听见过欧文·扬向任何人下过一次直接命令，而是选择让他们自己去做，然后从旁给予建议。例如，欧文·扬从来不说“做这个或做那个”或是“不要做这个，不要做那个。”他总是说：“你可以考虑这个”或“你认为，这样做可以吗？”他在口授一封信之后，经常说：“你认为这封信如何？”在检查某位助手所写的文件时，他总是说：“也许我们把这句话改成这样，会比较好一点。”也正因此，欧文·扬很受下属们的爱戴。

其实，“吃软不吃硬”可以说是人类的一种普遍心理，倘若你总是以一副高人一等的姿态，用命令的口吻说“你去给我做……”“你必须……”，即使对方当时听了你的话，接受了你的指派，但心里肯定也会不舒服，更不会对你产生好感。如果你能切身地转换一下角度、转换一下语气，适当地体谅一下别人的感受，凡事以商议口气和给对方留有余地的方式提出建议或想法，不仅能让他人愉快地接受你的建议，而且也会对你更加尊重和信任。

值得一提的是，命令的口吻，在亲子之间是最难消除的，99%的家长都做不到凡事和孩子商量。因为当亲子沟通出现问题时，父母总是不愿意自己的父母权威受到挑战，希望以父母的权威来压制孩子，使孩子改变主意。但结果，孩子不仅不会听从父母的意见，反而会产生逆反心理，恶化亲子关系。

实际上，商量的语气对孩子来说非常重要，当父母放下架子，把孩子当成平等的人来看待时，孩子会认为你尊重他，关心他的感受，从而对你产生好感和信任，才会愿意接受父母的建议，共同解决问题。而且，更重要的是它还可以教会孩子在社会上怎样做人和与人共事。

总之，无论是夫妻相处、亲子沟通、朋友往来，还是生意、工作上的联系与交往，最好都不要用命令的语气说话。即使你觉得必须要别人去完成的事，也尽量要用商量的语气，你可以陈述理由，可以分析利害，但切记千万别强行命令别人。

公开做出某种承诺是约束行为的最好方法

人类普遍有这样一种强烈的心理倾向——喜欢诚实守信的人，而讨厌那些口是心非、出尔反尔的人。同时，这种心理倾向也会促使自身保持“始终如一”的优秀品性。即如果一个人做出了承诺，而且这个承诺是积极、公平的、经过自身努力做出的，是他自由选择的结果，那么他会有一种维持这个承诺或立场的压力，因为他想在别人眼里以及自己的心里显得前后一致。

从这个意义上来说，引导他人公开做出某种承诺，就是一个很好的约束其行为的方法。

事实上，心理学家帕拉克的调查实验也确实证实了其可行性。1973 年，帕拉克等人对某一个市区的 65 个家庭做了一项调查，以研究他们的社会承诺对其节约能源情况的影响。

在当地煤气电力公司的支持下，他们首先了解到了用户煤气使用的数量。在采访过程中，研究人员从国家政策到个人利益向用户讲解了节约能源的重要性，并介绍了节约能源的相关知识和措施。研究分为三种情况：一是公开承诺组，即研究者对用户们说，想把节约能源的用户的名字刊登在报纸上，或者通过其他传播媒介披露出来；二是私下承诺组，即告诉用户，参加节约能源活动的人是不公开的，只要自己知道就行了；三为控制组，即在不同地区找到一些用户，不对其进行采访。

一个月后，考察三组用户的煤气消耗量，结果是：尽管由于进入冬季，天气变冷，三组用户的耗气量都有所上升，但公开承诺组用户的煤气使用量最低，即节约用气量最多。

可见，公开承诺确实对人的行为有一定的约束力。尤其是对那些自尊心特别强，对众人的感觉特别敏锐的人尤其有效。

引诱人们作出承诺的方式有很多种，有一些直截了当，而另外一些却是我们所看到的依从策略中最微妙的。比如：

强迫选择

如果是直接询问，一问一答，是或否。尽管各方面做得都挺好，但对对方的约束力却达不到预期的效果。如果选择提出“您需要A是B呢？”这样具有强迫性的问题，就会使对方不得不做出承诺性的回答。例如下面这个例子：

有甲乙两家卖粥的小店，店址都紧挨在一起，每天的顾客也相差不多，然而晚上结算的时候，甲店比乙店多出了百十元，天天如此。

这是什么原因呢？原因就出在服务员身上，因为乙店的服务员在顾客进店坐定之后，就给顾客盛上一碗粥，并反问顾客“加不加鸡蛋？”要是顾客说“加”的时候，她就给顾客加一个。每进来一个顾客，服务员都要问一句：“加不如鸡蛋？”也有说加的，也有说不加的，大概各占一半。

可甲店的服务员就不一样，尽管同样是问顾客加不加蛋，但是甲店的服务员问的是“加一个鸡蛋，还是如两个鸡蛋？”再进来一个顾客，服务员又问一句：“加一个鸡蛋还是加两个鸡蛋？”爱吃鸡蛋的就要求加两个，不爱吃的就要求如一个。

这样下来，在甲店喝粥的顾客就得至少加一个鸡蛋，因为不管怎样的节省，相对于两个鸡蛋来说，一个鸡蛋还是少一点。所以，一天下来，甲店就要比乙店多卖出很多个鸡蛋。这样他们的盈利也就不一样。

这就是甲店的营销策略，用具有强迫性的“二择一”提问，不知不觉中就利用了承诺的约束力。

将话就话

有时，他人并不会走入你为他们设置的问题陷阱中，这时，我们不妨牢牢抓住他们自己曾经说过的话大做文章，将话就话，一旦他们就此做出了某种承诺，也就不好反悔了。

比如客户说："我希望我的房子周围风景优美，有山有水。而这里的房子好像并不具备这种条件。"销售员就应该把握时机，说："假如我有一处有山光水色的地方，并且以相同的价格提供给您，您买不买呢？"这就是一种将话就话的谈话方式，姑且不管客户是否真的想要一个有山有水的地方，只要抓住客户所说的话大做文章，给他提供一个符合他要求的产品就行了。这时候，他事先说的话就不好反悔了。

写在纸上

心理学家对一些大学生进行了一项调查，询问他们是否愿意充当志愿者，去为当地学校进行艾滋病知识的普及。并对其中的一组学生说，如果他们愿意，请填写表示愿意当志愿者的表格。相反地，他们告诉另一组学生，如果愿意去，只需要口头答应，不需要填写什么表格。

最后，心理学家们发现，不论学生接受的是哪一种意见征询方式，对其是否同意去做志愿者并没有多大影响。但在几天后的知识普及活动中，出席率却表现出了明显的差异。第二组表示愿意当志愿者的学生中，只有17%的人遵守了承诺；而第一组中表示愿意当志愿者的，则有49%的人遵守了承诺。

由此可见，把承诺写下来会使人们更好地履行承诺。因为把承诺写下来，无形中就起到了巩固承诺的作用，也就促使人们更好地履行承诺了。

我们也可以将这一心理学策略用于具体的人际沟通之中。比如：如果你是销售经理，要求队员写下各自的目标，那就会提高目标完成率，从而带来更多的利润；如果是银行营业员，就把信用卡申请表格交由顾客自己填写，那客户日后销卡的机率就会小得多；医院也可以让病人自己写下约定日期，这会是个以低成本提高应约率的好方法。

事实上，写下承诺，也可以作为一种自我激励的方法来使用。比如，如果你将自己短期内详细的目标，包括具体的实施方法写下来，一定比仅在脑海里过一遍更有效。

标签有行为导向作用，不管是好还是坏

心理学认为，一个人被别人下某种结论，就像商品被贴上了某种标签，他自己就会做出印象管理，使自己的行为与所贴的标签内容相一致。这种现象是由于贴上标签后而引起的，所以称之为“标签效应”。

心理学家克劳特对这种效应的显然性作了科学的实验研究：他要求人们进行慈善捐款，然后把一部分人拿出来贴标签，如果捐了款就贴上“慈善的”，如果没捐款就贴上“不慈善的”。另外一些人则没有贴标签。

一段时间之后，心理学家再次要求他们捐款时发现：那些贴了“慈善的”标签的人，捐款的数额比第一次捐款的要多很多；那些贴了“不慈善的”人，则更不愿意捐款。另外一组没有贴标签的人，则没有这么明显表现。

可见，不管是被贴上了积极的还是消极的标签，人们都会根据标签上的内容，对自己的行为做出改变，使自己的行为更符合那个标签的内容。

为什么会出现“贴标签效应”呢？因为标签具有强烈的暗示作用，可以影响到人的自我意识和自我评价。要知道，每个人都在社会生活中扮演某种角色，并自觉不自觉地按照角色的要求去思考和行动。当一个人自我意识到自己的社会角色是“好的”时，就会按照“好”的标准来要求自己，约束自己的行为；相反，当一个人自我意识到自己的社会角色是“坏的”时，就会按照“坏”的标准，去放任自己堕落。同时，由于社会交往的影响，正所谓“物以类聚，人以群分”，当一个人被评价为或自认为是成绩好的、有能力的、品质优秀的时，与他交往的也是成绩好的、有能力的、品质优秀的人；相反，如果被负面评价或者自我评价低，与之交往的也是思想消极、行为不轨的人。

近朱者赤，近墨者黑，结果好的因此变得更好，坏的也因此变得更坏。

既然贴标签对人的自我认知可以产生这么大的影响，那么我们就一定要慎重对待。

事实上，对少年犯罪儿童的研究表明，许多孩子成为少年犯的原因之一，就在于不良标签的影响。他们因为在小时候偶尔犯过的错误而被贴上了“不良少年”的标签。这种消极的期望引导着孩子们，使他们也越来越相信自己就是“不良少年”，最终走向犯罪的深渊。

其实，不仅是父母对于孩子，教师对于学生，领导对于下属，医生对于病人，心理咨询师对于求助者，总之，对于有缺点、坏习惯、坏行为的任何人，在对其进行建议引导的过程中，千万不要动不动就给他们贴上一个坏标签。

也许有些人会说：“成人又不是孩子，又不傻，骂他笨他真的就以为自己笨？我骂他没前途他真的就觉得自己没前途？我这样骂他，只是‘激将法’，是想他变得好一点而已。”但是，我们应该清楚，如果想贴负面的、消极的标签而产生正面的效应，需要两个条件：第一，被贴标签者能够理解所贴标签是不是客观、公正的；第二，被贴标签者的独立性要比较强。对于大多数普通人来说，这两个条件都是很难达到的。因此，他们更需要用一个好的标签去鼓励他们发扬优点，改正缺点。

具体来说，对他人的不良行为，不要简单训斥，而应找到他们的优长，事实上，每个人都有巨大的潜能，所以，要从各方面去观察，找到他们的优点，看到他们的进步，用一个“好”的“标签”来激励他们不断发扬。这样强化了“好”的行为，也就淡化了“坏”的行为，促使他们向好的方向发展。

即使批评，也应掌握科学的批评方法，即应当是“就事论事”，不“上纲上线”，就是只批评他人具体的不良行为，不要贬低他的品质和能力。要注重用具体指导代替盲目指责，用提出希望代替严厉批评。这样，不但批评的效果会好得多，而且也给他人的行为指明了方向。

当然，也不能作虚夸、过分的表扬。对他人好的表现，应当给予称许，但是赞赏之言也不能脱离实际，更不能虚妄夸大，而应实事求是。常受称赞的人，一旦发现赞语并非事实，立即会感到十分沮丧，从此对你的话失去了信任，对自己的优点也失去了信心。不实的表扬，还会让人迷失自我、爱慕虚荣，一旦遇到挫折或失败，可能会走向自卑的极端。

另外，我们还要注意也不要轻易地给自己贴标签。在信息时代的今天，心理学以及各种学科的学术名词满天飞，我们随便就可以捞一个给自己扣上。有一些人，只因为出现轻微程度的心理和行为失调，就给自己加上一顶或“抑郁症”或“焦虑症”或“同性恋”等大帽子。这种消极的标签是一种自设障碍，给自己带来许多本来可以避免的痛苦。

总之，不管是给别人还是给自己贴标签、下结论都要慎重，对别人给我们贴的标签，也要有判别能力。

用冷热水效应调节他人心中的“秤砣”

一杯温水，保持温度不变，另有一杯冷水，一杯热水。当先将手放在冷水中，再放到温水中，会感到温水热；当先将手放在热水中，再放到温水中，会感到温水凉。

同一杯温水，出现了两种不同的感觉，这就是冷热水效应。

这种现象的出现，是因为人人心里都有一杆秤，只不过是秤砣并不一致，也不固定。随着心理的变化，秤砣也在变化。当秤砣变小时，它所称出的物体重量就大，当秤砣变大时，它所称出的物体重量就小。人们对事物的感知，就是受这秤砣的影响。

人际沟通中，这种冷热水效应同样有“用武之地”。比如：

“丑话说在前头”

“丑话说在前头”，其实质就是先通过一二处“伏笔”，使对方心中的“秤砣”变小，如此一来，它“称出的物体重量”也就大了。

年初时，领导冷着脸对大家说“我们工作是工作，感情是感情。虽然关系很好，但是完不成任务，我还是要痛下杀手的。我再次强调一遍，任务必须完成！”

最后年底评比时，领导说：“年初任务订得高了，我心里也明白。我之所以那么凶、那么狠，其实就是为了激发大家的积极性。各位辛苦一年也都不容易啊！就剩下这么两天了，该完成的完成，完不成也没事，我们全公司任务已经完成啦。”

这时候，全场一定会热烈鼓掌，大家会觉得这人真好，虽然平时凶巴巴的，但其实还是挺有人情味的。

如果我们考虑另一种情况，也就是年初时，这位领导把大家叫到一起说：“咱们能一起做事都是靠缘分，大家在一起都是哥们儿，工作是次要，主要是人人开心，我不会为难你们的，只要大家努力就行了！”结果到年底了，眼看任务完不成，领导急了，开干部会时冷着脸说：“今年谁没完成指标？我告诉你们，该免职的免职，该扣工资的扣工资。”那么，这些下属心里一定会想：“当初对我们那么好，说翻脸就翻脸，呸！你个笑面虎、伪君子、假善人！”结果，工作还没上来呢，员工满意度先掉下去了。

“虚晃一枪”

虚晃一枪，其实就是一种心理麻痹的手段，即让他人一开始就接受强烈的刺激，这样，他们对以后的刺激的感受和反应也就迟钝了。换言之，人们受到第一次刺激能够缓解他受到的第二次较小的刺激，前面的大刺激会使后面的小刺激显得微不足道。

有一位母亲发现15岁的女儿不在家，留下一封信，上面写着：“亲爱的爸爸妈妈，今天我和兰迪私奔了。兰迪是个很有个性的人，身上刺了各种花纹，只有42岁，并不老，对不对？我将和他住到森林里去，当然，不只是我和他两个人，兰迪还有另外几个女人，可是我并不介意。我们将会种植大麻，除了自己抽，还可以卖给朋友。我还希望我们在那个地方生很多孩子。在这个过程里，也希望医学技术可以有很大的进步，这样兰迪的艾滋病可以治好。”

母亲读到这里，已经崩溃了。然而，她发现最下面还有一句话：“未完，请看背面。”背面是这样写的：“那一页所说的都不是真的。真相是我在隔壁同学家里，期中考试的试卷放在抽屉里，你打开后签上字。我之所以写这封信，就是告诉你，世界上有比试卷没答好更糟糕的事情。你现在给我打电话，告诉我，我可以安全回家了。”

在信中，这个 15 岁的孩子就用到了这一心理学效应，她先设计了一个较大的刺激放在前面（私奔、涉毒、艾滋病），虚晃一枪，冲击一下父母的心理；而真正的目的则藏在后面（为考砸的试卷签字），在父母已经形成较大心理刺激的前提下，再把它提出来，就显得不那么严重了。

| 故意缩小选择范围，更易与之达成协议 |

我们的社会发展趋势是从没有选择，到有选择，到更多的选择。就拿我们最常见的用品——手机来说，现在，手机的种类日趋繁多，五花八门。不过，从心理学和经济学的角度来看，这并不是一件好事。

心理学家就曾在美国加州斯坦福大学附近的一个超市里，做过一个关于"选择"的实验：工作人员在超市里摆两个吃摊，一个有6种口味，另一个有24种口味。结果，24种口味的摊位吸引的消费者较多——242位经过的客人中60%停下试吃；而6种口味的吃摊前260个经过的客人中只有40%的人停下试吃。

但是，购买的结果却出人意料：在有6种口味的摊位前停下的消费者，30%都至少买了一瓶果酱；而有24种口味的摊位前，试吃者中只有3%的人买了果酱。

选择方案过多，会搅得人们心神不宁，使人无所适从，最后具有讽刺意味的是，"多方案"变成了"无方案"，什么方案也确定不下来，也就是俗话所说的"挑花眼"了。

这对我们的启示是：沟通中，我们在需要对方做出决定的时候，如果对方因存在多种选择，举棋不定时，那么我们就可以采用故意缩小选择范围的办法，引导他们在其中做出选择，这样就更容易达到我们的目的。

这个方法的实质是：用"是否问答法"提问题，往往不如让对方在几个对象中做出选择，更容易得到对方肯定的答复。因为这种方法给对手以一定的选择机会，使他感到结果不是你强加的，而是他自己选择的，满足了他的自尊心，就更容易促与你达成协议。

我们以销售为例，如果客户是在决定买与不买之间迟疑不决，销售员用“是否问答法”来提问题，就往往不如给客户提供现成的选择，更容易促使客户做出决定。就是说，与其去问客户买还是不买，还不如问他喜欢 A，B，还是 C？面对这类问题，客户可能来不及细想，就被引导到问题中去，而不一定觉察到这是否是自己的选择。

如果客户是在产品颜色、规格、式样、交货日期上不停打转。这时，聪明的销售员就可以改变策略，暂时不谈订单的问题，转而热情地帮对方挑选颜色、规格、式样、交货日期等。因为一旦解决上述问题了，你的订单也就实现了。比如一位汽车销售员这样向客户提问：

“您喜欢三厢的还是两厢的？”

“哦，我喜欢三厢的。”

“您喜欢自动挡还是手动挡？”

“我喜欢自动挡的。”

“您喜欢白色、灰色还是红色？”

“我喜欢白色的。”

“你喜欢 1.4 升还是 1.6 升的？”

“1.6 升的。”

“您要天窗吗？”

“不要。”

“车窗玻璃要绿色、茶色还是灰色？”

“绿色的。”

“我们可以在 5 月 1 日，最晚 8 日交货。”

“5 月 1 日最好。”

在提出了这些客户不难作的小决策后，销售员递过订单，轻松地说：“好吧，先生，请在这儿签字，现在您的车可以投入生产了。”这样，他就在不知不觉中帮助客户做出了决定。

当然，这一心理策略不止用于销售者与消费者的沟通之中，但不管用在哪里，你都要在选项上下下功夫。因为给对方提供选择，一定是希望把我们所倾向的选择提供给对方，同时，还应该满足他人的心理需求。这就要求你学会提问和倾听，多提问题，你会发现答案就在他的回答中；认真倾听，就可以分析出他内心深处的渴望。

另外，你还要注意，选择项之间的差异不能太大，比如你说："是要 1 万元？还是要 10 万元？"对手肯定会讲要"10 万元"。这样提问的有效作用就丧失了。

越是严加禁止，越是会激起强烈的欲望

逆反心理是人人都有的一种心理，是人的一种天性，在某些特定条件下，就会被激活，进而支配着人们的行为活动。一般来说，越是严加禁止，越是摆出权威，引起人的逆反心理就越强。

心理学家费尼·贝克和辛德兹做过这样一个实验。他在某大学的男洗手间里挂上禁止涂鸦的牌子。其中一块署名为“大学警察保安部长”，并以严厉的口头警告：“严禁胡乱涂写”；另一块署名为“大学警察区委员”，并以相对柔和的语气声明：“请不要胡乱涂写”。每隔两个小时换一次警告牌，然后调查挂牌子的洗手间里被涂写的数量。结果，挂“严禁胡乱涂写！大学保安部长”的，洗手间被涂抹的情况反而更严重。

不过，人为什么会有逆反心理呢？

其实，许多时候人们的逆反心理是来自对自我价值的保护。人的自我价值是一个热爱生活、追求生活意义的心理根基。任何一个人都不能接受自己无价值地生存在社会上。当一个人的自我价值受到影响和损害时，自然地会进行自我价值的保护，在态度或行为上抗拒外界的劝导和说教。

另外，由于好奇心的驱使，当某事物被禁止时，却也最容易引起人们的求知欲。尤其是在只作出禁止而又不加任何解释的情况下，浓厚的神秘色彩极易引起逆反心理。

而且，我们都知道，弹簧受到的压力越大，引起的反弹越大，当人们被迫做出某种选择时，就好比弹簧受到了压力，而这种心态会促使人们做出相反的选择。就像罗密欧与朱丽叶，他们的爱情大概也恰恰因为是被反对的，

才会更加强烈和牢固。如果两家毫无芥蒂，一开始就欣然应允两个人的婚事，说不定就不会爱得死去活来了。

因此，沟通中，如果我们希望他人听从我们的建议或指导，就一定要注意避免引起他的逆反心理。

顾忌到他人的自尊心

实际上，许多父母在家庭教育中，最容易犯的毛病就是不顾及孩子的自尊心，不管在什么场合，看到孩子的毛病，劈头盖脸就是一顿训斥。在这种情况下，即使你的批评是对的，也会使孩子感到丢“面子”，自我形象和自我价值受到贬低和损害。久而久之，会使孩子形成对你的逆反心理。为了感觉自己是有主见的，为了显示自己是独立的而不是人云亦云的，孩子会对你以后的话形成抵触和对抗。你让他做的他偏不爱做，即使你说的是对的。

因此，沟通中我们必须注意千万不要硬碰硬，因为任何强迫感都会伤害他人的自尊心。而应该以征求的方式，温柔的言语说出你的道理、想法、观念、意见和问题。最好是让他人觉得这个想法正是他自己的。正如古拉得·力伊帕在《进入别人的内心世界》一书中所说：“把别人的感觉和观念与自己的感觉和观念置于相同的位置，并把它表现出来，这样谈话的气氛就会融洽起来。当你在听别人谈话时，要根据对方的意思来准备自己将要说的话，那样，由于你已理解和认同了他的观点，他也就会理解和认同你的观点。”

有理由的禁止

当我们禁止别人做某事的时候，最好讲清楚原因。理由不充分的禁止反而会激发人们更强烈的探究欲望。

例如，在对待孩子的性教育问题上。十来岁的孩子开始发育，由于对性知识好奇，可能会对成人书刊产生兴趣。父母如果只是单纯地扔掉书籍，却对性知识讳莫如深，反而会使孩子挖空心思地要读到它们。正确的做法是：当你看见了孩子在看这些书刊，一定要克制发脾气的冲动，同时本着平等的态度，与孩子坐下来讨论一下。首先应该表示理解：“青春期的孩子对性好奇是正常的。我看见了，你想把它们藏起来。我猜你一定知道看这些书不太合适。”你可以告诉孩子，裸体本身并没有什么不好：“一些著名的油画中有裸体的人物，人体本身是美的。你对它们感兴趣我可以理解。但某些书刊登这些裸体照则是另有目的的。它们把人们之间的相爱变成了纯粹的性行为，一点爱的成分都没有了，这就是丑陋的。”“我希望你下次看见这样的杂志，能想起我说的话。现在我要扔掉这本书。我不想在我们家看到这种书。”同时，还要借机把正确健康的性知识传递给孩子。

巧妙利用逆反心理

其实，对于人的逆反心理，我们还可以反其道而用之，即想办法提高人们的期望值和得到的难度，这样它就变成了一种促使人们拥有某种东西的简单办法。

一个利用人们逆反心理的典型事例，就是法国引种土豆的故事。土豆在法国曾经被称为“鬼苹果”，没有人愿意种植它。尽管请了一位法国著名的农学家百般劝说，但是无论怎么引导，农民们就是不愿意引种土豆。最后，那为农学家想了一个绝妙的主意。他受国王的特准，在一块贫瘠的土地上种植土豆，并由一支着军礼服、全副武装的国王卫队看守。一夜晚，看守卫队故意撤走。结果，人们受到“禁果”的引诱，每到晚上就来挖土豆，引种到自己的田地里。结果，土豆就在法国推广开来了。

这种方法显然要比“牛不饮水强按头”的方式好得多。

总而言之，当我们禁止别人做某事的时候，最好讲清楚原因，并且尽量不要采取高压政策，否则容易激起对方逆反心理，使之无理由地与我们对抗。同时我们还应该学会巧妙地利用对方的逆反心理，事实上这也是最高明的攻心之术。

“不”式答复是最严重的沟通障碍

在我们和人沟通时，一开始时尽量不要选择有分歧的话题，而应该选择意见比较一致的话题。因为“不”这种答复本身就是最严重的沟通障碍。

这包括两方面的内容：

一是尽量不让对方说“不”

人的思维模式有一种倾向，就是容易跟着别人的思路走。例如很多脑筋急转弯就是对于这种惯性思维的利用，让人先陷入一种惯性的回答问题的模式中去，然后再提出一个令人猝不及防的问题，这时候，脑子转得慢的人就会掉进陷阱里去。曾经就有人对这种现象进行过详细而生动的描述：“我们越能让他人说‘是’，就越能为自己的意见争取主动权。推销商品也好，其他的一切需要使他人信服的事也罢，这一法则都很有效。初步了解他人的需求是这一方法的目的。”而且，一个人一旦说出了“不”字，他的自尊心也会促使他一直坚持到底。即使事后他认识到这个“不”字不明智，然而他要顾全自己的面子，也非这样做不可。

因此与人沟通时，不给对方创造说‘不’字的机会是很重要的。

可问题是要怎样一开始就让对方说“是”呢？

首先，我们应该尽量避免谈论让他人说“不”的问题。例如在销售中，销售员一上来就问：“有人在家吗？……我是XX汽车公司派来的。是为了轿车的事情前来拜访的……”“轿车？对不起，现在手头紧得很，还不到买的时候。”很显然，对方的答复是“不”。而一旦客户说出“不”后，要使他改为“是”就很困难了。但是假如对方一出现在门口，你就递上名片，表明自己的身份，同时说：“在拜访你之前，我已看过你的车库了，这间车库好像刚建成没多久嘛……”只要你说的是事实，对方必然不会否认。就这样，你已顺利得到了对方的第一个“是”。虽然它不具有太大的意义，但却是整个销售过程的关键。因为，比“如何使对方的拒绝变为接受”更为重要的是“如何不使对方拒绝”。

其次，谈话要从小事入手。也许有人认为如果在交涉中有多项待解决的事情，那么，在刚开始时就应该把其中最困难的问题提出来。在他们看来，一旦最困难的问题解决了，其他的问题往往也就迎刃而解了。但其实这样做失败的可能性很大。最困难的问题往往是双方争议最大，或积蓄多年难以解决的，要想一下子解决，通常不太现实。以此作谈判或交涉的第一事项，那么可能一开始就造成很大的分歧，双方很可能就失去了和谈的信心、等待的耐心。一旦双方争执不下，互不相让，关系破裂，问题就难以解决了。

相反，如果我们在沟通之初，多从一些对方易于接受的小问题入手，那么，一旦小问题解决了，就会对对方形成“彼此比较一致”的暗示，那么对方的戒备心就容易消除，会谈信心就容易建立，彼此认同的情绪就会逐渐蔓延。这就为解决最后、最难的问题打下良好的基础。事实上，聪明的交涉者都会在开始时把比较简单的问题作为讨论事项。在讨论这个事项时，他会说：“看样子没有别的问题。至少对于这个问题，我们的意见是一致的，下一个事项与这个事项没有太大的差别……”不断使用这种方法，暗示对方彼此的差异并不大，那么到了后面要讨论最大、最困难的问题时，成功的可能性就会增加了。

二是自己尽量不做否定回答

从心理学角度而言，人们对于和自己的主张不一致的说法以及反对意见，都相当敏感，比如类似下面这样的说法：“是这样吗？”“我不这么认为。”“我感觉不太对。”……不管是谁，如果遭到了这样的反驳，感觉肯定好不了，还可能破坏他的情绪。如果一个人的情绪变坏了，那后面的沟通必然也不会愉快。

反过来说，如果对方的意见与自己一致，我们就会对对方产生奇妙的认同感，或者说是同感，美国得克萨斯大学的乔纳森·考拉教授将这种现象命名为“一致效果”。

因此，如果你想保持顺畅的沟通氛围，就要在交流中，多说一些肯定性的话，肯定对方的为人、能力、处事，哪怕是衣服，那么在一致效果的作用下，就能增强他们对你的信赖感，这往往会对事情的顺利进行起到非常重要的作用。

你可以试试在这些地方下下功夫：

认同对方的观点。对方的观点或许并不一定正确，但是想要让他认同你的观点，你就得先“认同”他的观点。这样作为“礼尚往来”，他才可能放下戒备心理，从而开始试图接受你的观点。

理解对方的心情。人人都渴望被理解。而且，人们往往对于能够理解自己的人会产生一种莫名的亲切感。所以，我们应该尽量地站在对方的角度，理解他们的心情，掌握他们的心理，从而引导其达到自己的目的。

感谢对方的建议。每个人的建议往往都是其内心最真实的需求。而且有时候对方提的意见也确实是你没有想不到的，所以，学着感谢他人的建议，不但能给对方留下一个好的印象，也能使自己受益匪浅。

人的心理是很容易受到众人的影响的

虽然我们每个人都标榜自己有个性，但很多时候，却又不得不放弃自己的个性，“随大流”，这是大众都容易犯的通病。

美国心理学家所罗门·阿希曾经做过一个实验，证明了人的心理确实很容易受到众人的影响。

他邀请了一些大学生做一个非常容易的判断。他让大家比较一张画有一条竖线的卡片和另一张卡片上的三条线中的哪一条线更长。事实上，这些线的长短差异很明显，正常人很容易做出判断。但在事前，他安排了 5 个实验助手，让他们把线段说成是等长的。

实验开始了，当一名大学生志愿者走进实验室时，会发现已经有五名志愿者坐在屋里了。事实上他并不知道，这五名志愿者都是阿希的实验助手。经过两次判断后，五名假扮志愿者的助手故意异口同声地说出了同一个错误答案。于是真正的志愿者开始迷惑了，他是坚定地相信自己的眼力呢，还是说出一个和其他人一样，但自己心里认为不正确的答案呢？

实验共进行了 18 次，结果发现，平均有 33% 的人做出的判断是从众的，有 76% 的人至少做了一次从众的判断。而在正常情况下，人们判断错的可能性不到 1%。

这种现象说到底就是人的“从众效应”在发挥着作用——“大家都这么认为，我也就这么认为；大家都这么做，我也就跟着这么做。”

对于这一心理的产生，心理学家分析，有两种可能：第一是想被群体接纳和免遭拒绝受到人们的赞赏，我们称为规范影响。当我们在群体中时，我们会表现出较高程度的从众行为。“人多”本身就是说服力的一个明证，很少有人能够在众口一词的情况下还坚持自己的不同意见。持某种意见的人数的多少是影响从众心理的最重要的一个因素。第二是获得信息，或称其为信息影响。因为我们每个人都不可能对任何事情都了解得一清二楚，对于那些自己不太了解，没有把握的事情，我们一般都会采取“随大流”的做法。

这一心理常常被认为是不可取的。但是，在沟通中，我们有时却可以利用它来有效引导他人的言行。

用得最多的当属销售行业。销售人员如果可以吸引消费者的围观，制造热闹的行情，就可以引来更多消费者的参与，从而制造更多的购买机会。比如，某商场入口处排了一条很长的队伍，从商场经过的人就很容易加入排队的队伍中。因为人们看到此类场景时，第一个念头就是：那么多人围着一种商品，一定有利可图，所以我不能错失机会。这样一来，排队的人就会越来越多。但事实上，这些人中真正有明确购买意图的没有几个，人们不过是在相互影响，其他购买的人总比销售人员可信。因此，销售人员在进行销售时，就可以利用客户喜欢排队的心理来营造营销氛围，影响人群中的敏感者接受产品，从而达到整个人群都接受产品的目的。

当然，排队也不一定非是有形的，还可以是心理上的无形队伍。比如一位销售专家，他总是随身携带着一本有许多页的消费者名单，名字都是消费者自己手写的。每当面对新的消费者，他都将名单放在桌子上。“你知道我们非常以我们的客户为荣，”他说，“你认识最高法院的威廉法官，对吧？我估计你也认识理查德，全国制造公司的总裁。他们都使用过我们的产品。你看，这是他们的名字。”他会饶有兴致地和新消费者谈论这些名字，然后说：“有这样一些人都接受了这个价位，如……”他接下来念着一些更知名的人的名字，“具有这种才干的人是什么样的人，就具有什么样的判断力。我想把你的名字写在下面，和威廉法官与普雷市长的名字放在一起。”这也是利用了客户的从众动机，在他们心里排起了一条长队。一般来说，无须再进行其他的争论，他就与多数消费者成交了。

另外，心理学家发现，利用从众效应的心理暗示，对恢复他人的心理健康也具有一定的意义。我们自己也常常会有这种感受，比如：失去工作会让人觉得痛苦，但如果遇到经济萧条，很多人也失了业，你会觉得打击感显著减轻。人变胖了通常会很难过，可是，一旦发现自己周围的人也变胖了，自我感觉就会好很多。这些现象，已经得到社会学家和心理学家的证据支撑。所以，如果你希望他人从沮丧、失落、无助，甚至是绝望的心理状态中走出来，就可以用自己遭受的类似打击现身说法，或者用一个真诚而善意的谎言来开导他们，就更有利于绝望的人们恢复信心。这其实就是在暗示他人："我能从消极的情绪中自拔出来，你也能。"这种利用从众心理的暗示，往往就会使人们尽快从绝望中走出来，接受现实，开始新的生活。

进餐过程中，对方更愿意接受你的观点

美国商界人士之间非常盛行“交际午餐”——即边用餐边商谈事情。这最初是为了节约时间所想出来的一个点子，但是从心理学的角度来看，这个方法也有其可取之处。

一起吃饭这种最原始的行为，会对人的深层心理产生强烈的影响。

首先，能加深彼此的友好关系。和见 10 次面相比，一起吃 3 次饭效果更好，如果再喝点酒，效果就更好了——和一起吃 3 次饭相比，一起喝一次酒则更容易成为好朋友。

1960 年，詹尼斯（Janis，I. L.）在耶鲁大学以 216 名学生为对象，进行的一项个人实验就从侧面证明了这一观点。实验者要求所有参试者阅读“癌症治疗法”或者“军备竞争”等内容枯燥的专栏。在阅读专栏的时候，给 A 组学生提供花生和可乐，而对 B 组学生则未提供任何食物。然后，要求阅读完专栏的同学们对专栏做出评价。结果显示，一边吃花生米和可乐一边阅读的 A 组学生的评价，比未吃食物的 B 组学生的评价更高。

可见，食用花生和可乐带来的“食用乐趣”能提高无比无聊的专栏的形象。这也就是说如果你想获取对方的好感，或者想听到好的回答，就请对方吃美食吧。

其次，与对方一起进食还能增大对方与你达成协议的可能性。因为在进餐过程中我们更愿意接受对方的观点。有一个心理学实验可证明这一结论。研究人员要求被测试者将他们针对某一事件的看法写在纸上，然后让他们阅读一些与他们持相反观点的报道并声称这些报道出自某位评论家之手，最后

研究人员请被测试者在阅读评论后重新发表自己的看法。这时，研究人员将被测试者随机分为两组，一组在阅读评论文章时向被测试者提供饮料和甜点，而另一组则不提供任何食品和饮料。

研究人员统计了被测试者在阅读评论后态度的转变情况，结果表明在提供饮料和甜点这种情况下被测试人很明显地更愿意改变自己的观点。本来饮料和甜点是与评论完全不相关的实验条件，但是从实验结果来看一边享美食一边阅读评论的人显然更易受影响。

其实我们大多也有过类似的经历，比如在汽车或是家电博览会上再或是在画廊里，服务生一边为你耐心介绍产品的优异性能一边奉上香浓的咖啡及精美的糕点，这竟会使你在不知不觉中购买某种商品或签订某项协议。这说明在进餐过程中我们更愿意倾听别的意见，也更容易被别人说服。

此外，请对方吃东西，还可以“堵”住对方拒绝你的口。即使对方心中想反对，但是嘴里塞满食物，也不好说出反对的意见，因为闭着嘴巴嚼东西时开口说话是不礼貌的。所以，你一定要在对方刚把食物放入嘴里的时候，说出对方可能会非常反对的事情。这并不是开玩笑，而是一个在客观上不让对方发表反对意见的有效战术。

因此，商务谈判时，你可以尝试着请对方吃饭或找机会与他共同进餐，说不定你可以轻而易举地说服他。如果只是喝咖啡或喝红茶，谈话可能会出现分歧。这时可以休息一下，叫上一些甜点，一边吃一边随意聊天，就有可能找到突破口，推动谈判顺利进行。如果谈判的场所是你的公司或你的办公室，你也可以请对方喝茶和吃点心，比如像饼干这种一口咽不下去的点心，就能减少对方说出反对意见的机会。

当然，在与他人进餐的过程中，还有一个不容忽视的问题，那就是餐桌礼仪。因为餐桌也是一个全面检阅个人行为习惯和修养的地方。从进门、用餐一直到结束，每一个环节都有必须注意的地方。

比如，进入餐厅后，男士通常应该让女士先行；来到座位后，拉开椅子时要注意避免发出刮地板的声音；进餐前，有些人或许会担心餐具的卫生问题，因而用餐巾来擦拭餐具，其实这是很不礼貌的举动，会造成餐厅或主人的难堪；进餐时不要吃得太快，等嘴里的食物咽下后，再吃另一口食物；不要用自己的筷子在菜盘里挑挑拣拣，拨来拨去，这样的小孩都会让人生厌；多人进餐时，一定不要用手掩着嘴与某人窃窃私语或耳语，这种做法非常没有礼貌；劝酒适度，不要强求，过分地劝酒，会将原有的感情完全破坏；敬酒时，自己敬别人，如果碰杯，说一句："我喝完，你随意"方显大度；保持清醒的头脑，酒后嘘寒问暖是少不了的，一杯酸奶、一杯热水、一条热毛巾都显得你关怀备至；在餐桌上用手挖鼻孔或掏耳朵等小动作更是为人所不齿的。擦鼻涕时应转过身用手绢或纸巾掩饰，但时间不宜太长。如果能为此暂时起身离开餐桌，向外走几步是最好的。

另外，餐巾的主要功能是防止食物弄脏衣服以及擦掉嘴唇与手的油渍，请不要在忘记带面纸的情况下，用它拿来擦鼻子，因为这样既不得体也不卫生……虽然有些繁琐但并不困难，只要我们在平时用餐中多加注意，就可以改正那些不良的用餐习惯。

面对数据，不愿服从你的人也无力反驳

很多时候，当“我认为”“我的建议是”等类似的话语一出，无论你使用多么温和的口吻，都会给人一种强加于人的感觉。这种感觉会迫使他人从你的观点中搜寻漏洞，准备进行反驳。

但如果有了以数据为支撑的事实根据为自己撑腰，就不同了：如果你以“根据 xx 研究所的数据”作为开头，告诉别人你是一个热情的信息传递者，并没想要操控或强迫对方。这样对方就会欣然接受你的信息，并且按照信息所指的方向展开进一步的思考。而且，利用数据说话还有一个明显的好处，就是借助数据表明个人想法，即便对方有意见，也无理由把反对的苗头指向你本人，因此避免了与人发生正面冲突。

例如，现在的很多商家就是因为意识到了这种方法的重要性，在广告宣传中也引用了数据说明。如宝洁公司某些产品的广告宣传：× × 浴液：“经过连续 28 天的使用，您的肌肤可以……” × × 洗发水：“可以经得住连续 7 天的考验。” × × 牙膏：“只需要 14 天，你的牙齿就可以……”

不过，和很多沟通技巧一样，使用精确的数据虽然具有十分积极的意义，可以增加说服力，但是数据如果使用不当，同样会造成极为不利的后果。为此，在运用数据说明问题的时候，我们需要注意以下一些事项：

一是准确

《说服技巧的秘诀》(Secrets of Power Persuasion) 的作者理查德·德松博士这样建议：“应该尽可能使用准确的数字。仅凭这一点，就能增强你的谈判气势。”比如谈判中，如果对方说出了“500万元”这样一个概数，而你回答出了“389．5万元”这样准确的数字，因为你使用了更准确的数字，就暗示出你对事实有更清楚的了解，这样你的谈判气势就增强了。如果对方问你“你是怎么得到这么精确的数字的？”这时你再清清楚楚地把详细情况告诉对方。这样，事情就会朝着对你有利的方向发展。

所以，在沟通中尽量使用准确的数字更容易取胜。你应该把“10%”“半数”“几乎全部”这些说法，换成类似“18．3%”“263人赞成”等准确的说法。

二是精简

使用精确的数据虽然可以加深人们的印象、增强论据的可信度，可是如果在沟通过程中一味地罗列数据，不仅达不到预期的效果，而且还会令人感到眼花缭乱。单纯的数据罗列也会令人感到你的解说非常单调，有时还会让人产生你在故意卖弄的想法。这就如同人们说话时运用修饰语一样，恰如其分的修饰语可以使你的表达更加形象生动，也可以向人们表明你的文采和才华，但是，如果张口闭口都是华丽的辞藻，那你就会给人们留下华而不实、故意抖书袋的不良印象。

因此，要想让你的数据说明具有更强劲的说服力，首先要挑选合适的时机，比如当人们提出质疑时，你可以用精确的数据来证明自己的可信度。

三是真实

运用数据说明问题的目的就是要引起重视并增强对方对自己的信赖，如果使用的数据本身不够真实和准确，那就会失去其原本意义。况且，一旦人们发现这些数据是虚假或错误的，他们就有充分的理由认为你在欺骗和愚弄他。这种印象一经产生，很快就会给你带来极为恶劣的影响。

根据心理学家麦克洛斯基的观点，如果你已经掌握了如下数据——出人意料的珍贵数据；值得信赖的数据；从很多人手中收集到的数据；专业性的数据；多重数据的组合——只要你出示它们就能轻松说服对方。

四是巧妙

除了以上运用数据说明时要把握的原则外，你还可以结合其他手段来配合精确数据的使用。包括：可以利用权威机构的证明。例如，你可以利用这种方式来打消客户的疑虑："本产品经过 ×× 协会的严格认证，在经过了连续 9 个月的调查之后，×× 协会认为我们公司的产品完全符合国家标准……"

有了数据和事实的双重支撑，不用作过多的解释，再顽固的人也只能接受你的观点。但要注意，所引用的别人的话、调查研究数据、真实发生的案例，也最好是众所周知的，只有被人们普遍承认的事物才能被人认同。

在权威面前，人们更容易改变态度和行为

人们都有愿意相信和认可权威的心理，虽然这种信任和认可很多时候是盲目的。不妨观察一下，你会发现，在我们身边有很多这样的人，他们只要一闻到权威的气息，便会立即放弃自己的主张或信念，转而去迎合权威的说法。即使觉得没有什么值得借鉴之处或者有许多疑问，只要是权威部门或权威人士的话就会全盘接受。比如，“国防研究所的某级军事评论家对伊拉克战争形势分析如下……”“据一流大学某某某教授说……”“据世界公认的最具权威的某某学术杂志称……”“总经理好像也不反对这个计划……”这些，都是人们在利用权威的影响作用。

心理学家也曾通过实验来检验权威对大众的影响力。霍夫兰和卡尔曼请三名助手，面对三组不同的听众发表关于青少年犯罪问题的同样内容的演讲。对第一组听众主持人介绍说演讲者是位法官；对第二组介绍说演讲者是同他们一样的普通听众；对第三组介绍说演讲者是一位出身低层，而且曾有过犯罪前科的人。结果，分别听这三人演讲的听众们对演讲内容的评价出现很大差异：听“法官”演讲的听众认为演讲的内容很好，对他们很有启发；而听另外两人演讲的听众则认为演讲内容一般甚至相当糟糕，对他们没什么影响。

其他心理学家也做了许多类似的实验，例如有一群人一起欣赏一张唱片，然后由音乐家向大家说明，这张唱片的主奏是一位知名的音乐家，其音质十分细腻、华丽。隔一段时间后，再让这些人听同一张唱片，音乐家却说明这是一位音乐系学生所演奏的，虽是同一支乐曲，但弹奏的技巧大有出入。

这时候，10 个人中大约有 9 个人都认同专家的说明，并且以为自己所听的是两张完全不同的唱片。

这些结果都证明：一位在某一领域享有盛誉的大人物总比默默无名的小人物更能引起人们态度的改变。这也就是“权威效应”对人的影响。

究其原因，是因为，人们都有一种“安全心理”，即人们总认为权威人物的思想、行为和语言往往是正确的，服从他们会使自己有种安全感，增加不会出错的“保险系数”。同时，人们还有一种“认可心理”，即人们总认为权威人物的要求往往和社会要求相一致，按照权威人物的要求去做，会得到各方面的认可。这两种心理就诞生了权威效应。

在沟通中，我们大可巧妙地利用权威效应来增强自己的说服力。

借权威人士的“光环”

一个人要是地位高，有威信，受人敬重，那他所说的话及所做的事就容易引起别人重视，并让他们相信其正确性。例如，杂志和报纸经常会引用权威人士的话作为书评，人们也许从未看过此书，但在权威人士的推荐之下，就可能欣然前往购买。类似的，电视广告的宣传也经常采用有名的演员或权威人士的话，一看到这种广告，被宣传的商品和宣传角色就融为一体，产生了特殊的心理效果。

因此，在你试图让他人接受你的意见或建议时，有时也可用专家的影响力，来增加说服力。

美国一出版商有一批滞销书久久不能脱手，他忽然想出了一个主意：给总统送去一本书，并三番五次去征求意见。忙于政务的总统不愿与他多纠缠，便回了一句：“这本书不错。”出版商便借总统之名大做广告，“现有总统喜爱的书出售”，于是书被一抢而空。

不久，这个出版商又有书卖不出去，又送一本给总统，总统上过一回当，想奚落他，就说：“这书糟透了。”出版商闻之，脑子一转，又做了广告：“现有总统讨厌的书出售。”不少人出于好奇争相抢购，书又售尽。

第三次，出版商将书送给总统，总统接受了前两次的教训，便不做任何答复，出版商却大作广告："现有令总统难以下结论的书，欲购从速。"居然又被一抢而空，出版商却因善借总统之名大发其财。

尽管这是个笑话，但是我们却可以从中得出这样一个结论——权威人士的光环确实可以为我所用。

使自己变成"权威人士"

你曾经注意过当别人感知到，或相信你有更多技术上的知识，专业化的技巧，或比他更多的经验时，他们对你的看法不是尊敬就是畏惧吗？因此，你应当尽力尝试在发挥影响力之前，确保让自己具有一定的专长。但是，在现在的社会里，想在每个圈子里成为专家，那是很难的。一个更快捷有效的方法是：让自己看起来更像个专家。下面是如果你想表现自己具有专业才能的做法：

一是在遭遇这些问题之前，先建立好你的背景和证书。如果你这么做，你的评断则不致遭受挑战。换句话说，将这些条件投入复杂的谈判中，参与者都缺少专业化的知识时，你所谈论事情使可以得到参与者的尊崇与接纳。而且，无论何时让别人真实地感受你具有此实质。

二是你可以使自己的穿着打扮、言行举止更像专家，这样也可以增加别人对你的信赖感。比如，有一则关于牙膏的广告，看过广告的受众被问到广告中有哪些人物时，普遍提到了有医生。当然，医生的身份就是用来影响受众的，利用的就是人们对医生的专业性和权威性的认同。但问题在于，广告中并没有明确地告诉你穿白大褂的那人就是医生。这正是营销中对权威暗示效应的绝妙应用。

求人办事的捷径

——要想办事顺利得拿着打开心门的钥匙

兜个圈子，反而可以最快到达目的地

直言快语，固然是人的真诚所在，但有些时候，效果却不佳，轻者损害人际关系的和谐，重者造成麻烦，违背彼此沟通的初衷。这时，我们可以有意绕开中心语题和基本意图，采取外围战术，从相关的事物、道理谈起，即“兜圈子”，这比“走直线”更能让你最快达到目的。

从心理学角度而言，下面这两种方法“兜圈子”的技巧值得一试：

登门槛效应

这一效应源于美国心理学家做过的一个实验：研究人员派人随机访问一组家庭主妇，要求她们将一个小招牌挂在她们家的窗户上，这些家庭主妇愉快地同意了。过了一段时间，再次访问这组家庭主妇，要求将一个不仅大而且不太美观的招牌放在庭院里，结果有超过半数的家庭主妇同意了。与此同时，研究人员派人又随机访问另一组家庭主妇，直接提出将不仅大而且不太美观的招牌放在庭院里，结果只有不足 20% 的家庭主妇同意。

不言而喻，前一组的家庭主妇同意率之所以超过半数，是因为在这之前对她们提出了一个较小的要求；而后一组的家庭主妇同意率之所以不足 20%，是因为在这之前对她们没有提过较小的要求。换句话说，一下子向别人提出一个较大的要求，人们一般很难接受，而如果逐步提出要求，不断缩小差距，人们就比较容易接受。

这主要是由于人们在不断满足小要求的过程中已经逐渐适应，意识不到逐渐提高的要求已经大大偏离了自己的初衷。并且人们都有保持自己形象一致的愿望，都希望给别人留下前后一致的好印象，不希望别人把自己看作“喜怒无常”的人，因而，在接受了别人的第一个小要求之后，再面对第二个要求时，就比较难以拒绝了。心理学家就将这种心理现象称为“登门槛效应”，又叫“得寸进尺效应”。

那么，我们在生活中求人办事的时候，也可以利用这个心理效应，来成功地达到我们的目的。

例如，推销员就很擅长使用“登门槛效应”。看下面这个例子：

一位男士选定了一条价值 20 美元的领带，正当他掏出信用卡准备付款时，推销员问道：“您打算穿什么样的西服来配这条领带？”

“我想穿我那件藏青色西服应该很合适吧。”男士回答说。

“先生，我这儿有一种漂亮的领带正好配您的藏青色西服。”说完，他就抽出了两条标价为 25 美元的领带。

“是的，正如你所说，它们确实很漂亮。”男士点着头说，并且把领带顺手放进了购物袋中。

“再看一看与这些领带相配的衬衣怎么样？”

“我想买一些蓝色条纹衬衣，可我刚才在哪儿都没有找到。”

“那是因您没有找对地方，您穿多大号的衬衣？”还没有等男士反应过来，推销员已经拿出了四件蓝色条纹衬衣，单价为 60 美元。“先生，感觉一下这种质地，难道不是很棒吗？”

“是的，我想买一些衬衣的，但我只想买 3 件。”

最后，消费者心满意足地离开了服装店。你明白发生了什么事吗？那位推销员把 20 美元的生意变成了 230 美元的交易，而这位男士却完全没有提出过异议，这就是“登门槛效应”的神奇作用！

再比如，生活中懂得借钱之道的人，当他要向别人借一万元时，先不开口说一万，而是先说五百、一千，消除对方的警戒心，而当对方答应之后，他再巧妙地引出所需的款项，就更容易达到目的了。

还比如，有的孩子向妈妈要求，可不可以吃颗糖果？当妈妈答应她的时候，她可能会提出进一步的要求，那可不可以喝一小杯果汁呢？妈妈经常是会答应的。这里，孩子对妈妈用的“招数”也是“登门槛效应”。

总之，当我们要向对方提出一个比较大的要求时，如果觉得对方拒绝的可能性比较大，就可以先提出一个较小的要求，如果被答应，再提出那个较大的要求，才更容易达到目的。

留面子效应

其实，“登门槛效应”反过来用，就是“留面子效应”了，即人们拒绝了一个较大的要求后，对较小要求接受的可能性增加的现象。

曾有一个心理学家做过这样一项研究，他将参与实验的数名大学生分为两组。首先请求第一组大学生花费两个小时带领少年们去动物园玩一次，但是只有六分之一的学生答应了。接着，心理学家来到第二组大学生面前，请求他们花两年的时间担任一个少年管教所的辅导员，当然是义务劳动，不会给任何报酬。这是一件费时费力的苦差事，几乎所有的大学生都拒绝了。心理学家又提出了一个小要求，请他们带着少年们去动物园玩两个小时。结果，一大半的大学生都答应了这个请求。

心理学家认为这是一个“留面子效应”。留面子效应的产生主要是因为人们在拒绝别人比较难的需求时会感到自己没有能够帮助对方，而损害了自己乐于助人，富有同情心的美好形象，并会因为感觉辜负了他人对自己的良好愿望而感到内疚。为了恢复在别人心目中自己的良好形象，也为了达到自己的心理平衡，如果对方在这时再提出相对容易的一点小要求时，便会欣然接受。

这对于我们的启示就是先大后小、先难后易的办事方式。正如鲁迅先生在其《无声的中国》里面的一段精彩论述：“中国人的性情是总喜欢调和，折中的。譬如你说，这屋子太暗，须在这里开一个窗，大家一定不允许的。但如果你主张拆掉屋顶，他们就会来调和，愿意开窗了。没有更激烈的主张，他们总连平和的改革也不肯行……”其中体现的正是“留面子效应”。小的要求不同意，但是大的要求更不能接受，相比之下，小要求容易接受多了，那就还是接受小要求吧。

还以推销为例。某家电公司派两名推销员去上门推销一种价格昂贵的电视机，结果推销员 A 失败而归，一台也没有卖出去，而推销员 B 则成功卖出 10 台电视机。为什么会出现这么大的差距呢？

推销员 A 可以说为了实现销售，使尽了浑身解数，凭借自己的三寸不烂之舌，说服消费者购买自己的商品，但是绝大多数消费者都因为价格太高而婉言拒绝，有的说考虑考虑，也只是为了敷衍，而不是真心想购买，因此，推销员 A 没有成功卖出一台电视机。而推销员 B 知道销售这样的商品很难，必须采取一定的策略。因此，他在上门拜访消费者的时候，先介绍的是另外一款更加高档和昂贵的电视机，等消费者拒绝以后，他才说出自己真正要销售的这种电视机，并说："既然您觉得那一款太过昂贵，我们还有一款电视机在功能上也很先进，但是价格会便宜很多，您是否可以考虑一下？"就是在这样的拒绝、退让之中，消费者觉得对方已经做出了让步，自己也不好再拒绝接下来的请求，于是不少消费者都同意了购买其产品。

可见，这种先大后小、先难后易的推销方式，确实能够起到意想不到的效果。

因此，当你想让别人为自己办某事情之前，就可以先提出一个大到别人根本不可能做到的事情，待别人拒绝且有一定歉意后，才亮出自己真正要让对方办的事。由于前面拒绝了太多，人们往往为了留些面子会尽力接受最后的这项要求。

当然，留面子效应的关键还在于双方认同，用得好了可以使沟通、交流事半功倍。它是否会发生作用，关键也在于双方关系的亲密程度以及要求合理程度。

心情好的时候，谁都爱当“活雷锋”

求人办事，讲究方法，也要讲究时机。同样一个人，同样一件事，你开口的时机不对，结果很可能就完全不同！你想一想，有人做生意刚赔了十几万，你就登门去借钱，他能借给你吗？所以，你需要牢牢记住一个“好心情定律”，即在别人心情好的时候，向他开口求助，成功的机会就更大。

心理学家认为，一个人心情好的时刻，也是他最大方、待人最和善的时候。一个好心情的人眼中的世界是明亮的，充满了阳光和希望；而一个人心情差时，则会表现得比较抠门，对别人的求助充满冷漠和厌恶。一个坏心情的人，看谁都不顺眼，生活糟透了。在他眼中，每个人都在算计他，都在给他挖坑设套。此时你若张开金口，求他办事，多半会成为吃闭门羹的倒霉蛋儿。

对此，曾经有人做了这样一个心理学实验：在路边摊的桌子上放 10 美分硬币，让来就餐的人捡到这“意外之财”，然后，等他们离开的时候，故意从他们身边经过，掉落东西。看看有多少人会帮忙捡起来。结果证明，有 88%以上的人会帮忙捡起。

那么，如果没有那“10 美分”的前奏曲，结果又如何呢？调查显示，没有在摊前捡到钱的人当中，只有 7%的人帮助捡起落下的东西。

这个 7%与 88%的对比实验，就证明了人如果具有好心情，就更倾向于积极的行为。

事实上，我们自己大概也都有过类似的体会：当我们生活中发生了一件好事，顿时觉得生活特别美好，觉得自己很幸运，这种情况下，觉得有什么理由不帮助一下那些不如自己这么幸运的人呢？

因此，如果你可以在别人遇到喜事临门、有意外收获的时候，让他帮忙做一些事，这一定比平时的成功概率要高。比如，一位男士中了几十万的大奖，兴高采烈。此时，朋友们让他请客，他会很豪爽地请大家到高档酒楼吃一顿海鲜。而要是在平时，朋友让他在小吃摊上请客，他也要算计算计。再如，一位厅长换届时连任，他肯定很高兴。你拿着过去很长时间里他都没来得及批的一项申请报告找他，请他在上面签字，他更容易爽快答应你。这也是好心情效应使然。

不过，在现实生活中，一个人不可能总不是遇到好事，保持好心情的。有时候，为了让对方更容易答应我们的请求，我们还可以想办法“送”给对方一个好心情。例如，日本有一位著名的保险推销员叫原一平，被称为“推销之神”，就很明白人的这个心理特点。在推销保险的时候，每当有客户问他：“投保的金额要多少呢？我每个月要支付多少钱啊？”原一平会立刻把问题岔开：“有关投保金额的问题以后再说。因为您是否能投保，要到体检后才能确定，所以目前最重要的问题，还是赶快去体检。”这样回答之后，有99%的客户不会再追问下去。

原一平为什么这样做呢？他解释说，因为在体检之前，“关于投保金额的问题，您还没有权利问我”合情合理；而等到体检通过，与客户谈妥投保金额之后，就要立刻收保费，绝不能耽搁。因为体检刚通过，证明自己身体健康，任何人心情都会比较愉快，这是收保费的最佳时机。万一耽搁了这个时机，就可能发生延期投保或降低保额等问题。原一平还认为，一旦收完保费，不管你跟这位客户关系如何亲密，都要赶快离开。因为人在缴付了一笔金额不少的保费之后，心中会有一种错综复杂的情绪，过一会可能想想不妥，改变主意也是有可能的。“我刚缴了保费，不过想想实在太多了，我想还是把保额降低到××元，以后看时机再增加吧！”如果因为逗留而招来这句话，就太冤枉了。所以，见好就收也是让好心情效应发挥作用的关键。

现实生活中，我们还可以通过给对方送个礼品，或者送个夸赞等来制造他人的好心情。所谓嘴甜好求人，许多聪明人仅凭一张嘴就能让别人心甘情愿、毫无怨言地帮助他。比如，作为推销员，上门向顾客做推销的时候，可以对顾客说这样的话："恭喜您啊，王总！我刚在报纸上看到您的消息，祝贺您当选十大杰出企业家！"这样是不是让人听着高兴？这种话就像过年过节的祝福，吉祥喜庆，让人开心。或者给顾客"戴个高帽"："看得出来，你是公司里的重要人物！""你是我最重视的客户！""我可以随时为你优先服务！"等等。所谓"伸手不打笑脸人"，这种方法很管用，既能方便自己又能愉悦他人。当你遇到事情时，不妨也尝试使用一下这种方法。

不过，如果正好赶上对方心情不好时，应该怎么办呢？

你可以选择"暂避风头"。例如，有位记者去某足球队采访，一进门，发现休息室气氛沉闷。教练铁青着脸，双眼圆睁；队员们耷拉着脑袋，垂头丧气。他赶紧退了出来，取消了这次采访。后来，他打听到，原来球队刚刚在比赛中吃了败仗，正在怄气。倘若当时他不识趣硬去采访，不仅不会有什么收获，而且可能会挨骂。

不过，有时候，如果你看到对方心情不好，就立即走人，也会让对方感觉到你跟他就是公事公办，没有个人感情可言，那么你下次再去谈，他在内心里就会跟你有距离，对你这个人也不太会有好感。其实，从某种角度来说，人在心情不好的时候，也是公关最好的时候。例如我们经常见到或听说这样的情景：女孩子心情不好的时候，刚好有一男孩子来安慰她，后来坠入了爱河。因此，当你看到或了解到对方心情不好时，可以写条安慰的短信或者微信发给他；也可以写张小纸条或小卡片，留上安慰的话，由他人转交；买束花也行，如果条件允许的话……这样，对方一定会对你印象非常好的。

总而言之，只要你记住"好心情定律"，并善于利用这个规律，在别人心情好的时候再去沟通，那么，你的成功率一定会大大提高。

| 付出一定的外在面子是做事的必要代价 |

很多人标榜自己“万事不求人”，觉得求人办事就是懦弱无能，毫无尊严。其实，“万事不求人”只能显示你内心的脆弱，你真正放不下的也只是“面子”而已。

事实上，以低姿态出现只是一种表象，是为了让对方从心理上感到一种满足，使他愿意合作。而且，你求人帮助时表现低姿态也只是向对方说明在这件事情上，你的实力不如对方，你需要对方的帮助，与你的尊严无关。相反，当你求人办事的时候，你内心的精神支柱反而应该是你内在的尊严。它是完全摆脱他人对你的看法和评价而独立存在的，是你对你自己生命价值的肯定，它和别人的看法无关。

常言道，大丈夫能屈能伸，说的就是这个理。因此，学会放下面子，在适当的时候，保持适当的低姿态，才是一种聪明的处世之道，是人生的大智慧、大境界。正如你找医生看病要付钱一样，你找别人办事就要付出一定的外在面子——这是你向对方显示低姿态的一种具体的代价。

表现出可怜的样子

许多时候，我们如果让对方感到我们付出了许多，非常辛苦，或者处境艰难，就容易引起对方的同情心。这种时候，即使我们没有直接开口请求对方，但是也会打动对方的恻隐之心。这种行为就是在暗示对方帮忙。

有一个时期，俄罗斯与挪威曾经就购买挪威鲜鱼进行了长时间的谈判。

在谈判中，挪威人卖价高得出奇，而且一直不肯让步。为了解决这一难题，俄罗斯政府派出了著名女大使——柯伦泰为全权贸易代表。

作为一位杰出的外交家和谈判家，柯伦泰面对挪威人报出的高价，针锋相对地还了一个极低的价格，然后双方进入了一个漫长的、艰苦的讨价还价阶段。由于双方都不愿做出大幅度让步，谈判如以往一样陷入了僵局。但挪威人并不在乎僵局，因为他们知道，苏联人只要吃鲜鱼就得找他们买。而柯伦泰这边却拖不起也让不起，必须要成功。

情急之余，她对挪威人说："好吧！我同意你们提出的价格。如果我的政府不同意这个价格，我愿意用自己的工资来支付差额。但是这自然要分期付款，可能要我支付一辈子。"

挪威的绅士们从来没有遇到过这样的谈判对手，堂堂绅士怎能把女士逼到这种地步呢？结果，在忍不住一笑之余，一致同意将鲜鱼的价格降到了最低标准。

这里，柯伦泰就是用示弱的方法，向谈判对手暗示：如果不答应自己的条件，就成了把女士逼迫到难堪境地的缺少风度的男士了。这种装可怜的方法出奇制胜，使她完成了前任费尽周章也未能完成的工作。

故意让对方占上风

心理学上，人处在胜利者的地位、占上风或者得到便宜的情况下，一般更容易和对方达成协议。例如，故意给对方机会发挥他的决策权、修改权，就可以给对方制造一种"胜利者"的感觉，感到心理平衡，然后暗示其接受你的条件。一位芝加哥广告商故意在画好的猫的脖子上，画了一个让人哭笑不得的红圈儿。一家大锅炉公司的经理将要来鉴定那只已经画好的猫。一见到这幅画，他就怒火冲天地喊："去掉那个红圈儿！"于是，广告商不动声色地去掉了那个红圈儿。之后，对方就再没挑剔过什么。这是这位经理生平第一次如此迅速地认可一幅画，再没提出什么苛刻的修改要求。

可见，同意对方的意见，暗示对方已占了上风，可以使对方更容易与你达成协议。这样可以通过在小处让步，获得大局上的胜利。

如果是在商业谈判中，我们也可以通过让对方感觉占了便宜，来麻痹对方，使对方觉得应该做出让步。譬如日、美两国在贸易洽谈的时候，由于美方态度强硬、条件苛刻，日方无法接受。若继续僵持下去也不是办法，于是日方采取了让步姿态。他们以不影响整体贸易为前提，将一些小型的贸易项目如牛肉、柑橘等作大幅度的让步。而这种让步是在暗示对方已居于上风，应该做出让步，结果打开了僵局。

总之，如果你想把事情做成，就得以一种低姿态出现在对方面前，表现得谦虚、平和、朴实、憨厚，甚至愚笨、毕恭毕敬，使对方感到自己受人尊重，比别人聪明，那么在谈事时他就会放松警惕，觉得自己用不着花费太大精力去对付一个“傻瓜”了。当事情明显有利于你的时候，对方也会不自觉地以一种高姿态来对待你，好像要让着你似的，也就不会与你一争长短了。

| 能够投其所好是打动人心的最佳方式 |

很多时候，我们不喜欢一个人或许很盲目，但是喜欢一个人往往是理由充分——必定是对方有值得你喜欢的地方。尤其是对于那些能够投其所好的人，我们往往丧失了抵抗能力。因为不管是谁，屠夫、面包师或是企业家，都喜欢那些欣赏和关心他们的人。就连美国著名的人际关系学大师卡耐基也认为，跟人谈论他最感兴趣的、最珍爱的事物，往往最容易打动人心。

“投其所好”，并非狡诈，也不是欺骗。心理学表明，情感引导行动。积极的情感，比如喜欢、愉悦、兴奋，往往产生理解、接纳、合作的行为效果；而消极的情感，如讨厌、憎恶、气愤等，则带来排斥、拒绝。而“投其所好”，实际上就是一个引导和激发他人积极情感的过程。正如管理心理学所说的：如果你想要人们相信你是对的，并按照你的意见行事，那就首先需要人们喜欢你。否则，你的尝试就会失败。

一般来说，我们可以从以下几方面入手：

和对方谈论他最感兴趣的事情

每个人都非常重视自己，都喜欢谈论自己，也都希望别人重视自己，关心自己。从对方的生活习惯、得意经历等入手，他一定乐于交谈。

美国的金牌寿险推销员乔·库尔曼，就把自己的成功归结为一句具有魔力的话：“请问您是怎么开始您的事业的？”他用一个很典型的例子论证了这种魔力。

在他刚开始推销时，曾经遇见了一家工厂的老板，名叫罗斯。罗斯平常工作忙得不可开交，许多推销员都对他无计可施，可是库尔曼却成功地让这个人买了自己的保险。当时推销的情境如下：

库尔曼："您好，我是乔·库尔曼，是保险公司的推销员。"

罗斯："又是推销员。今天，你已经是第10个来我这里的推销员了。我手上有很多事情要做，没有时间听你说话。快走吧，别再烦我了，我没有时间！"

库尔曼："请允许我自我介绍一下，只需10分钟。"

罗斯："难道你听不明白吗？我根本就没有时间！"

这时候，库尔曼低下头去用了整整一分钟的时间看放在地板上的产品，然后张口问道："您干这一行有多长时间了？"

罗斯说："哦，22年了。"

库尔曼不失时机地接了下去，继续问道："您是怎么开始做这个的？"

这句话立即在罗斯身上产生了不可抗拒的魔力。他开始滔滔不绝地谈了起来，从早年的不幸到创业的艰辛，再到自己取得的成绩，一口气谈了一个多小时。

最后，罗斯还热情地邀请库尔曼参观自己的工厂。那一次会面，库尔曼并没有卖出去保险，但是他却和罗斯成了朋友。然而，在接下来的三年里，罗斯却先后从库尔曼那里买走了4份保险。

"您是怎么开始您的事业的"，把话题对准了对方的经历，其实就是为了提及对方喜欢的话题，引起对方的兴趣，从而为进一步沟通及最后的成功打下了良好的基础。

类似的例子其实还有好多。但是道理只有一个：如果想要打动人心，就要用热情和生机去接触对方的内心思想。而其妙方，就是和对方谈论他最感兴趣的事情。

“制造”共同的兴趣爱好

社会心理学研究表明，人们都乐于同与自己有相似点的人交往、谈话。因为相似因素既能有效地减少双方的恐惧和不安，解除戒备，具有可以共同接受的信息，能有相同相似的理解，产生相同、相近的情绪体验，进而在感情上产生共鸣。如果我们可以将对方的嗜好作为突破口，巧妙的“制造”出你们的共同点，就会大大地提高做事成功的可能。

有个青年想向一位老中医求教针灸技巧，起初，老中医对他态度冷淡，但当青年人发现老中医案几上放着书写好的字幅时，便拿起字幅边欣赏边说：“老先生这副墨宝写得雄劲挺拔，真是好书法啊！”对老中医的书法予以赞赏，促使老中医升腾起愉悦感和自豪感。接着，青年又说：“老先生，您这写的是唐代颜真卿所创的颜体吧？”这样，就进一步激发了老中医的谈话兴趣。果然，老中医的态度转化了，话也多了起来。接着，青年对所谈话题着意挖掘、环环相扣，致使老中医精神大振，谈锋甚健。终于，老中医欣然收下了这个“懂书法”的弟子。

其实，这并不是偶然的，原来，青年人为了博得老中医的欢心，特地在登门求教之前做了认真细致的调查了解：他了解到老中医平时爱好书法，遂浏览了一些书法方面的书籍，这样，才在交谈中打动了老中医。

可见，沟通中，如果双方兴趣一致，就很容易产生共鸣，迅速消除彼此的隔阂。因此，无论你们是否有这种“默契”，你都要重视对方的兴趣，这也许就是你获得突破的关键点。

不过，想与对方的兴趣爱好建立一种特殊关系，单单说一句很感兴趣的话是不够的，你必须花时间研究对方的兴趣。专家给出了关于和他人交谈兴趣的三个步骤：第一，找出别人感到特殊兴趣的事物；第二，对于那感兴趣的题目应预先获得若干知识；第三，对他表示出你对那件事物真的感兴趣。

总之，请牢记，他人的兴趣所在，暴露了他大部分的个性、习惯，以及价值追求。能够以兴趣点为突破口，通过投其所好顺利达成目标，实在是发展关系、完成合作的有效手段。

正如台湾著名成功学家林道安所说："一个人不会说话，那是因为他不知道对方需要听什么样的话；假如你能像一个侦察兵一样看透对方的心理活动，你就知道说话的力量有多么巨大了！"当我们可以做到投其所好，把话说到他人的心坎上时，语言沟通就成为维护双方关系的"润滑剂"，进而有助于事情朝着预期的目标顺利进行。

世界上有多少人就有多少种沟通方式

据说，英国的维多利亚女王与阿尔伯特相亲相爱，关系融洽。但由于妻子是一国之王，忙于公务，而丈夫又不太关心政治，所以，有时也难免闹些别扭。

一天深夜，女王办完公事，回到卧室，只见房门紧闭，只好咚咚咚地敲起来。

阿尔伯特问："谁？"

女王回答："我是女王。"

房门没有打开。女王耐着性子再敲。阿尔伯特又问："谁？"

女王回答："我是维多利亚。"

房门还是没有打开。女王想了想，再次敲门。

阿尔伯特再问："谁？"

女王回答："你的妻子。"

门"呀"一声开了，同时张开的，还有阿尔伯特的一双温情的手臂。

维多利亚女王的三次回答告诉我们一个道理，对不同的人应该使用不同的沟通方式。也就是我们常说的"见人说人话，见鬼说鬼话"。因此，在求人办事之前，我们一定要对办事对象的情况作客观的了解，对不同的人采取不同的攻心方式，并把握分寸，才能把事情办好。

如果对方是沉默寡言型人：

其特点是话少，问一句才说一句。表面看这种人也许反应迟钝，看似不太随和，但实际上却很好沟通，对这种人你该说多少就说多少，只要你说的话能言之有理、顺耳中听，你就有可能达到说服对方的目的。

如果对方是喜欢炫耀型人：

其特点是好大喜功，老是喜欢把“我如何如何”挂在嘴上。如果要求这种人办事，多说一些恭维和称赞的话最有效。并且，对他向你所做的炫耀要有耐心仔细聆听，听得越用心，称赞越充分，你的成功率就越高。

如果对方是令人讨厌型人：

其特点是满嘴刻薄话，好像控告他人、贬低他人、否定他人是他们生活的唯一乐趣。毫无疑问，这类人是最令人头痛的。但如果你不得不与这类人打交道，那么就一定要掌握应对这类人的攻心之术。其实，有时候，他们嘴上不停地说不行不行、答应后如何如何不好，但内心的想法却不见得是这样。因为这种人往往不能证明自己，所以更希望得到肯定的态度。这时候，最关键的是你不要被他难听的话所唬住，也不要直接表现你的反感，而是要采取一种不卑不亢的高姿态并随机应答，这样才会有好的效果。

如果对方是优柔寡断型人：

其特点是遇事没有主见，往往消极被动，难以做出决定。如果你想求这种人办事就应牢牢抓住主动权，充满自信地运用语言技巧，不断地向他提出积极而富建设性的意见，多运用肯定性的语言，多做些有关回报保证的承诺，甚至替他考虑帮助自己后的益处，当然不能忘记强调你是从他的立场来考虑问题的。这样才有助于他做出决定，或在不知不觉中替他做出对你有利的决定。

如果对方是知识渊博型人：

其特点是宽宏、明智。这类人是最容易面对，也是最容易成事的。因此，当这类人出现时，我们应努力抓住机会，注意多聆听对方说话，同时还要适时给予真诚的赞许。而要说服他们提供帮助，并不需要说太多的话，也不需要花太多的心思，只要抓住要点，往往就可以达到求人的目的。

如果对方是讨价还价型人：

其特点是凡事喜欢讨价还价，即使是给人一些微不足道的帮助也非要“讨回来”不可，并且往往也为自己这种“能耐”而自鸣得意。应对这种人，有一个比较简单的办法就是：你可以在口头上做一些小小的恭维，比如对他说：“我可是从来没有碰过像你这样乐于助人的人”或者说：“给我个面子，怎么样”这样，可以多少满足一下他的自尊心，既让他觉得比较合理，又能证明他的精明。

如果对方是性情温婉型人：

其特点是比较谨慎，如果他没有充分了解每一件事，就不要指望他会做出决定。如果求到这种人头上，千万不能急躁、焦虑或向他施加压力，必须努力配合他的步调，脚踏实地地去证明、引导，慢慢就会水到渠成。

如果对方是性格急躁型人：

其特点是精力过盛，做什么事情都快。对待这种人，说话就一定要注意简洁、抓住要点，避免扯一些闲话，同时保持精神饱满。对于对方提出的疑问，也要清楚、准确而又有效地回答，如果太拖泥带水，他们可能就会失去耐心，没听完就走。

如果对方是心性善变型人：

其特点是容易见异思迁，容易决定也容易改变。对这种人一定要特别注意，因为即使他答应了你的要求，也有可能会变卦；即使这次向你提供了帮助，也不能指望他下次还会答应。但是，反过来说，如果他拒绝了你的要求，你却不应放弃，因为你仍有机会说服他改变主意。

如果对方是猜疑心重型人：

其特点是容易猜疑，容易对他人的说法产生逆反心理。说服这种人的关键在于让他了解你的诚意或者让他感到你对他所提疑问的重视，比如你可以对他说："你提的问题切中要害，我也有过这种想法，但是……"这样，他会认为你在说真话，于是也会认真提供你所需要的帮助。

当然，不止这十种类型的人，世界上有多少人就有多少种沟通方式。只要你懂得必须"见人说人话，见鬼说鬼话"，并能够迅速准确地把握对方的思想脉络和动态，用对方喜欢的方式，说他爱听的话，就有机会进行有效沟通，就有可能获得成功。

先行付出，常常会带来出乎意料的好处

中国人特别讲究“来而不往非礼也”，当别人给了我们某些好处，或者做出了某些退让，我们就会本能地想到也应该以相应的好处回报对方。如果不这么做，内心就会感到不安。这其实就是心理学上的互惠效应或互惠原则。

对此，一位大学教授做过一个小小的实验：他给随机抽样挑选出来的一群素不相识的人送去了圣诞卡片。虽然他也估计会有一些回音，但随后所发生的事情还是大大出乎他的意料——那些素未谋面的人寄来的节日贺卡，像雪片似的飞了回来，大部分给他回赠卡片的人根本就没有想到过打听一下这个陌生的教授是谁，而是收到卡片，就自动回了一张。这个实验规模虽小，却巧妙地证明了这一心理学规律在人们的行为中所起的作用。

当我们把这种感恩图报的意识用于人际沟通中，就可以得出以下结论：如果我们“先行付出”，往往会给我们带来出乎意料的好处。商业活动中就经常用到这个策略。比如，在很多超市里，经常会看见一些促销员端着饮料、糖果等食品，笑容可掬地请客户品尝。品尝了促销员递过来的免费食品后，我们就很难做到把牙签一扔，然后转身离去。大部分的客户在品尝完样品后，都会买回一些这样的食品，尽管自己并不太喜欢这种口味。

还比如，在安利公司，流行着一种免费试用的推销策略：推销员将一组安利产品放在一些潜在的客户家中，告诉他们这些产品都可以随意使用，不收取任何费用。没有人会拒绝推销员的好意，然而在使用过后，他们又会产生一种强烈的负债感，只好掏钱买下一部分安利的产品。免费试吃、试用的妙处就在于，客户无意中接受试吃、试用后，就会产生一种负债感，因此只能通过购买产品的方式，以减轻那种负债的压力。

这种心理学效应，尤其是在当我们不要求对方回报恩惠时，更易发挥作用。这种情况下，实际上是将对方置于一种焦急的心理状态之中——即努力尽快报答你的好意。当然，在求人办事的情境里，我们要说的是，如果你对对方有什么要求，在此时提出会有极高的概率获得成功，因为在此时的心理状态下，对方会希望能尽快为你做些什么，当然不会断然拒绝你的要求了。

从这种意义上来看，我们应该在日常工作和生活中多给别人一些帮助，这样在我们面对困境的时候就会一呼百应。例如，在胡雪岩的那个时代，要经营势力，离不开银子的作用。胡雪岩深谙此道，自然也从不吝惜银子，甚至到了有“求”必应的地步。比如时任浙江藩司的麟桂调署江宁藩司，临走时在浙江亏空的两万多两银子需要填补，又一时筹不到这笔款项，便找到胡雪岩请他帮助代垫，胡雪岩二话没说便爽快地应承下来，以致麟桂派去和胡雪岩相商的亲信也“感动”不已，称胡雪岩实在是“有肝胆”“够朋友”，要他一定不要客气，趁麟桂此时还没有卸任，有什么要求尽管提出来，反正惠而不费，他一定肯帮忙。

胡雪岩做的却也实在“漂亮”，他没有提出任何索取回报的具体要求，只是希望赵麟桂到任之后，有江宁方面与浙江方面的公款往来，能够指定由他的阜康票号代理。这一点点要求，对于掌管一方财政的藩司来说，自然是不费吹灰之力。事实证明，胡雪岩的投资是有眼光的，最终得到了意想不到的收益。

可见，如果我们先给对方好处，你要对方做事情就可能变得更加容易。因为先给对方好处，对方收下了，就欠了你的情，也就更不好意思不给你办事。这样，你就在某种程度上掌握了主动。

现实生活中，处理工作、家庭、休闲娱乐等方方面面的问题，这个原理都适用。比如，你想和一个人交朋友，你可以先请他吃饭，这使他感到你的友好，也使他欠了你一顿饭的情，这样下次他回请你，双方就增加了交往，关系会变得更加密切。还比如，假设你的同事要去一个你十分熟悉的地方出差，你可以将你知道的那个城市的宾馆饭店、游览名胜等方面的情况制成一份建议书交给他。像这样的事，对你来说易如反掌，同时也不会给对方增加心理负担。你的这种处事方式如果做得太过生硬可能会有虚情假意之嫌，但是大多数人都会认为被别人关心是件好事，至少可以证明还有一些人很在乎自己的存在。从我们的角度来说，平时多关心周围的人是为了有备而无患，因为我们也总是会有求于人。

总之，笃信并且服从互惠效应，已成为我们生活中一项十分重要的行为准则。只知索取不知偿还的人毕竟还是少数，多数人都信奉着“投桃报李”“来而不往非礼也”，自觉不自觉地保持着付出与索取的平衡。因此，在人际沟通中，我们应做到对别人先行付出，这往往可以为我们赢得别人的好感以及人际关系中的主动。

同时，我们也要谨记，获得别人给自己的小恩惠，就要尽可能地回报他。在不是很熟悉的朋友之间，你求别人办事，如果没有及时地回报，下一次又求人家，就显得不太自然了。因为人家会怀疑你是否有感恩之心，是否感激他对你的付出。及时地回报，可以表明自己是知恩图报的人，有利于相互的继续交往。当然，在关系很亲密的朋友之间，也不一定要马上回报，那样反而显得生疏。但也不等于不回报，只是时间可能拖得长一些，或有机会再回报。

把你要他做的事变成他自愿要做的事

比起将自己的意见强加于人，借当事人的口把自己的想法说出来的做法才更聪明。因为没有人喜欢被强迫，每个人都喜欢按照自己的意愿去做事，因此，当我们想让别人做某事时，最好的方法就是——把你要他做的事变成他自愿要做的事。

在威尔逊总统执政白宫期间，有一天，上校赫斯去白宫拜访威尔逊总统，劝说他采取一项政策。但似乎威尔逊并不十分赞同这项政策，只是大概地听了听理由和构想，就匆匆结束了会谈。但在后来的一次内阁会议中，威尔逊总统竟然说出了赫斯前几日提出的那项建议，并且说那是他自己的意思。

赫斯并没有当众打断总统的话，揭发那是他提出的意见，而不是总统的意见，反而在总统结束演说之后，大肆赞赏总统的睿智。因为赫斯在乎的是建议能否被通过这一结果，而不是建议是由谁提出的。这件事也给了赫斯很大的启发，他说："我……发觉改变他（总统）观点的最好方法，不是一次次严肃的内阁会议，而是通过不经意的谈话将观念移植入他的心里，让他感兴趣，进而自己去思考。"

从此以后，赫斯每次有了什么新的政治构想，他总是在谈话间不经意地说出，引导总统自己思索，得出他想要的结论。因此，赫斯受到总统的重视程度，甚至在内阁成员之上，他在内政和外交上都有着很大的影响力。

潜移默化地把自己的意见灌输给其他人，不仅可以成功地改变了别人的看法，更重要的是，在改变的过程中，他们让其他人感受到了自己得出结论的快乐与满足。这样既达到了自己的目的，又保住了别人的面子。

从方法上来说，分为以下几个步骤：

第一步：找出动机

每一个人都为满足自己内心的一些需要而做事，如果你希望别人自愿做某事，那么，首先就应该了解别人内心的想法和愿望，帮他找出这个动机。

美国有一个人叫亚道夫·塞兹，为了激励一群态度散漫的销售员，使他们变得热情高涨起来而策划了一个销售会议，在会上他询问每个销售人员希望公司领导具备的优点，并把它们写在黑板上，这些优点是：忠诚、上进、团结、热情，等等。然后，塞兹告诉员工，他会把这些优点再全部传递给所有员工，希望大家都能做到。会议在一派热烈的气氛中结束，后来塞兹发现公司的业绩节节攀升。对此，塞兹的解释是“这就像是一场心灵对话，如果高层们做到了，员工也能做到。事先对他们的咨询，是为了让员工觉得一切都是自愿的。”

第二步：激发渴望

找到了可以让对方做事的动机，还必须使他产生急切性，这样我们的成功概率才高。所以有人说：“撩起对方的急切意愿，能做到这一点的人，世人必与他同在；不能的人，将孤独终生。”而要想激发别人心甘情愿做事的强烈渴望，最有效的方法，就是激发他获得某种利益或避开某种危害的渴望。

例如佳洁士牙膏在电视广告里做了一个试验，把一个鸡蛋形状的物体一半涂上他们的牙膏，一半不涂，然后把这个物体放到酸性物质的溶液里，一段时间后拿出来用一个小捶一敲，没涂牙膏一半破了，而涂了牙膏的一半完好无损，借此来证明他们的牙膏的抗酸性腐蚀，以此来激发人们购买的渴望。

第三步：使他相信

有信任才有行动。被说服者是否接受意见，往往和他心目中对说服者是否相信有关。说服者如果威望高，一贯言行可靠，或者平时和自己感情好，觉得可以信赖，就比较愿意接受他的意见，反之，就有一种排斥心理。所以，作为说服者，平时要注意多与人交往，和他们建立深厚的感情，这样在求人办事的时候，才可能变得主动有力。

当然，有必要时，我们更要学会利用一切可以提高信任度的“工具”。例如，有一位父亲希望孩子自愿去每天刷牙，他为了使孩子相信刷牙的好处和不刷牙的危害，就带孩子到了牙病防治所，看了一部关于残留在口腔中的食物变成细菌，而后腐蚀牙齿使人牙疼的教育节目。果然，他的孩子回家后每天自动刷牙了。

总之，你想把你要他做的事变成他自愿要做的事，就不要谈你所需要的，而是谈他需要的，教他怎么去得到。探察别人的观点并且在他心里引起对某项事物迫切需要的愿望，并不是指要操纵他，使他做只对你有利而不利于他的某件事，而是要他做对他自己有利，同时又符合你的想法的事。在促使他行动的时候，最好也要让他觉得不是你的主意而是自己的主意，这样他会喜欢，会更加主动和积极。

营造“自己人”错觉，办事就容易多了

每个人的内心都存有或多或少潜在的“自我意识”，都不愿意受到他人的指使。如果他认为你是在说服他，他的自我意识会变得更加强烈，不易与你的看法一致。即使你说得天花乱坠，头头是道，在他看来可能也只是为你的个人利益进行的表演，不一定愿意接受你的意见。但是如果此时你能使对方觉得跟你是“自己人”，这样，他原本坚强的防御体系就会倒下，他就会在不知不觉中信服你的说法。这在心理学上就叫作“自己人效应”。

也就是说，如果我们可以给他人营造出你是“自己人”的错觉，那么，你想求他办事就容易多了。不过，问题是如何才能让他人对你产生“自己人”的感觉呢？

多用“我们”“咱们”的称呼方式

不知道大家是否留意到，演说家和政治家都喜欢在演说中频频使用“我们”、“我们大家”等字眼。如他们举起拳头喊：“我们要趁早将牛肉自由化，使大家能吃到廉价的牛肉，所以我们必须行使我们共同的权力，以达成这个目的。”此时，成千上万的听众也往往会同样地举起拳头附和着。这里，演说家和政治家用到的策略其实就是“自己人效应”。因为用到“我们”这一字眼，即使他们是为了个人的利益，但是给听者的感觉却是：这是与大众的切身利益相关的。简单的几句，便笼络了大众的心，使众人产生了“命运一致”的感觉。

相信很多人都能理解这个道理：当听到说“你们”的时候，给人的感觉是说话的人与听话的人处于不同的立场，分属不同的团体。当听到说“我们”“咱们”的时候，就表示两者处于同一个立场上，同属一个团体。这样就能够在心理上拉近彼此的距离，消除对方的戒备，也能够有效地达到影响对方的作用。

例如，一位朋友讲起自己一次买裤子的经历：“有一次，我到商店买裤子。试穿了很多条，也没有觉得非常满意的。正在我犹豫不决的时候，一旁跟我身材差不多的导购女孩满脸微笑地跟我攀谈起来。

‘您在买裤子的时候，是不是非常难买到合适的？’她问。

我看了这个苗条高挑的女孩一眼，说：‘是啊！’

她继续说：‘像我们这样身材太苗条的人，很难买到腰围合适的裤子，我就经常买不到。’她边说，边用双手做了个掐着自己细腰的动作，对着我微笑。

‘是的，很多裤子我都喜欢，但有的没有小号，腰围有点大，就穿不了。’她这一说，还真说到了我的苦恼。

‘对呀！以前我也在网上买过裤子，有适合的，但质量都不太好。我觉得咱们店里的裤子穿着挺舒服的，你看！’说着，她低头看自己的裤子。

我对这个与自己同样感同身受的导购女孩顿时有了好感，立即决定买一条裤子。”

这个事例中的导购女孩运用的就是“自己人”的技巧：她称“我们”“咱们”，实际上是一种诱导心灵的方法，它消除了双方买与卖的对立关系，听起来更像是平等的、亲密的朋友关系，使人备受感动。结果，顾客很自然地把她当成了“自己人”，而对她所说的话比较信任。

多套近乎，拉近彼此的心理距离

其实，所谓“自己人”，就是与自己存在着某些共同之处的人。正所谓“物以类聚，人以群分”，心理学家认为，各种情况的相似，都能引起不同程度的人际吸引。共同的态度、信仰、价值观、经历和兴趣；共同的语言、种族、国籍、出生地；共同的民族、文化、宗教背景；共同的教育水平、年龄、职业、社会阶层；甚至共同的身体特征，如身高、体重等，都能在一定条件下，不同程度上增加人们之间的相互吸引力。

因此，即使有正事要办，我们的开场白也不要直奔主题，多套套近乎，营造“自己人”的效果，拉近彼此的心理距离。接下来，如果有什么事想要对方帮忙，也会容易多了。

例如，“同乡”就是一个最好利用的关系。清朝末代的大太监李莲英的发迹可以说正是运用了此种技巧。李莲英出身贫苦，个子瘦小，若以当时清朝宫廷太监的标准来衡量，他是根本不够资格的。可一次偶然的机会，李莲英听说在宫廷中有一个太监是他老乡，且是同一村的。于是，李莲英大胆地去找了这个老乡。

李莲英当时很穷，没有钱买东西去送礼。他知道这位老乡很重乡情，但怎样做才能引起老乡的注意却一直在困扰着他。终于，他想出了一个办法，一天他瞅准了正是这位老乡出来当值时，他才去报名，然后用一口地道的家乡话说出了自己的姓名与籍贯。李莲英的这位老乡听了这声音，身体不由抖了一下，遂抬头看了看眼前的这位小老乡，心里暗暗记了下来。

后来，李莲英果然得到了这位老乡的帮助，做了慈禧太后梳头屋里的太监，以梳得一头好发型深得慈禧宠爱，最后成了慈禧太后面前的大红人。

李莲英只说了几句话，就博取了对方的注意与好感，但要注意的是，这几句话是家乡话，是乡音，而对方也恰巧是同乡人，且又同处异乡，在这种情况下，李莲英轻而易举地争到了一个名额就不足为奇了。

我们都知道，同乡关系是人际关系的比较牢固的纽带，所谓“老乡见老乡，两眼泪汪汪”。在很多大学里，都有老乡会、联谊会等组织，就是通过同乡关系把同一地方的学生召集在一块，相互帮助、联络感情、加强交流。同乡关系会给人温馨的感觉，使双方更容易建立信任感。因此，一旦知道对方是自己的老乡，千万别放过这个机会，一定要点出来，说不定可以让对方对你一见如故。

总之，在求人办事时，如果你不希望自己的请求被轻易拒绝，就必须同对方保持“自己人”的关系。有道是，是“自己人”，什么都好说，不是“自己人”，一切按规矩来。当你营造出和对方是“自己人”的感觉，那么跟对方办事就容易多了。

触动他心灵薄弱点，再难的事也办得成

我们常说，人心都是肉长的。每个人都有同情心，它是人类天性中的一部分，是人性善良的根基。以情动人，凡事皆可办成。只要你将现实的情况和你内心的痛苦如实地说出来，听者就是铁石心肠，也免不了会动心。

当然，并不是说，凡求人办事都要摆出一副可怜兮兮的样子，流下几滴眼泪。而是说，当我们在求人解决问题时，应该调动所有的同情心，使听者首先从感情上与你靠近，产生共鸣，这就为你问题的解决与事情的办成打下了基础。

将心比心

美国《读者文摘》发表过一篇叫作《第六枚戒指》的故事。在美国经济大萧条时期，有位17岁的姑娘好不容易才找到一份在高级珠宝店当售货员的工作。

圣诞节前一天，店里来了一个30岁左右的贫民顾客。他衣衫褴褛，满脸哀愁，并用一种不可企及的目光盯着那些高级首饰。这时，柜台上的电话铃声响了。姑娘要去接电话，却一不小心把一个碟子碰翻，6枚精美绝伦的钻石戒指滚落到地上。她慌忙捡起其中的5枚，但第6枚怎么也找不着。这时，她看到那个30岁左右的男子正向门口走去，顿时，她醒悟到了戒指在哪儿。

当那男子的手将要触及门柄时，她柔声叫道："对不起，先生！"那男子转过身来，两人相视无言，足有几十秒钟。“什么事？”男子问，他脸上的肌肉在抽搐。

姑娘一时竟不知说些什么，怔在那里。“什么事？”男子再次问。“先生，这是我头一回工作。现在找个工作很难，想必您也深有体会是不是？”姑娘神色黯然地说。男子久久地审视着她，终于一丝微笑浮现在他脸上。

他说：“是的，确实如此。但是我肯定，你在这里会干得不错。我可以祝福你吗？”他向前一步，把手伸给姑娘。“谢谢您的祝福。”姑娘立刻也伸出手，两只手紧紧地握在一起。姑娘用十分柔和的声音说：“我也祝您好运！”

男子转过身，走出门口。姑娘目送他的身影消失在门外，转身走到柜台，把手中握着的第 6 枚戒指放回了原处。

这位姑娘如果斥责怒骂，甚至叫来警察，也能找回戒指，但姑娘的“饭碗”很可能就此砸了。她之所以能够成功地要回了青年男子偷捡的第 6 枚金戒指，关键是在尊重谅解对方的前提下，以“同是天涯沦落人”的凄苦言语触动对方的心。“这是我头回工作，现在找个事儿做很难”，这句真诚朴实的表白，饱含着惧怕失去工作的痛苦之情，饱含着恳请对方怜悯的求助之意，终于感动了对方。因为青年男子也深知“现在找个事儿做很难”，深知如果自己拿走了这枚戒指，姑娘就会因此失业，那她也将会和自己一样，经受悲惨的生活。

现实生活中，尤其是在求人办事时，如果我们可以击中彼此共同的那个柔弱点，就能引起他的情感共鸣，得到他将心比心的对待。

情绪感染

林肯在当总统之前，还是一名律师。一次，他在事务所工作的时候，碰到了这样一个案子。一位老妇人哭诉了她的不幸遭遇：原来，她是位孤寡老人，丈夫在独立战争中为国捐躯，她靠抚恤金维持生活。前不久，抚恤金出纳员勒索她，要她交一笔手续费才可领取抚恤金，而这笔手续费是抚恤金的一半。林肯听后十分气愤，决定免费为老妇人诉讼。

但由于当时出纳员是口头勒索的，没有留下任何凭据，因而，在法庭中，他反而指责原告老妇人无中生有。

在形势极为不利的情况下，林肯依然在法庭上表现得十分沉着、坚定，他眼含着泪花，回顾了英帝国主义对殖民地人民的压迫，爱国志士如何奋起反抗，如何忍饥挨饿地在冰雪中战斗，为了美国的独立而抛头颅、洒热血的历史。最后，他说："现在，一切都成为过去。1776年的英雄，早已长眠地下，可是他那衰老而又可怜的夫人，就在我们面前，要求申诉。这位老妇人从前也是位美丽的少女，曾与丈夫有过幸福的生活。不过，现在她已失去了一切，变得贫困无靠。然而，享受着烈士们争取来的自由幸福的某些人，还要勒索她那一点微不足道的抚恤金，有良心吗？她无依无靠，不得不向我们请求保护时，试问，我们能熟视无睹吗？"

听完林肯的这番话，法庭里充满了哭泣声，就连法官的眼圈都发红了，被告的良心也被唤醒了，他再也不矢口否认了。法庭最后通过了保护烈士遗孀不受勒索的判决。

我们都知道，没有证据的官司是很难打赢的，但林肯却成功了。而这都应该归功于他的情绪感染驾驭了听众及被告的心理，激发了人们本性中具有的同情心、善良的一面。

永远都不要怀疑，每个人都有同情心，即使再冷漠的人、狡诈的人、变态的人、唯利是图的人、利欲熏心的人……也都不例外。只是也许它会在人们越来越复杂的社会经历中，渐渐地躲进人的身后，藏进连自己都不会察觉到的心灵角落里。但是它永远不会消失，不会死去。只看你如何以真诚轻柔的触角去触动它的薄弱点，从而以点带面，震怒他心。当你巧妙地点醒对方，触动他的心灵薄弱点、敏感细腻区的时候，再难办的事情也能办得成。

人际沟通的雷区

——一百个优点常常毁于一个致命的缺点

恶劣的人际关系常常是偏见的替罪羊

几乎每一分钟、每一件事，我们都依凭着过去所得的知识、经验在作判断。比方，我们常听说或认为："生意人都很狡猾""女人都是烂驾驶""男人都很不卫生""犹太人都很吝啬""法国人都很浪漫"，等等。此后我们心中就会建立一套刻板的印象，并用这个"成见"去解释或评断周遭的人事物。

刻板印象一经形成，很难改变。它的形成，主要是由于我们在人际交往过程中，没有时间和精力去和某个群体中的每一成员都进行深入的沟通，而只能与其中的一部分成员交往，因此，我们只能"由部分推知全部"，由我们所接触到的部分，去推知这个群体的"全体"。

刻板效应在某些条件下，有利于对他人作概括性的反映，它的积极作用在于它简化了我们的认识过程。因为当我们知道他人的一些信息时，常根据该人所属的人群特征来推测他所有的其他典型特征。这样虽然不能形成他人的正确印象，但在一定程度上可以帮助我们简化认识过程。

但是，它又是一种简单的认知，更多地带来的是负面效应：它常使人以点代面，凝固地看人，容易产生判断上的偏差和认识上的错觉，阻碍人与人之间正确印象的形成。

某商业杂志上刊登过这样两道测试题，就很能说明这一点。

测试一：如果你知道有一个女人怀孕了，她已经生了八个小孩，其中有三个耳朵聋，两个眼睛瞎，一个智能不足，而这女人自己又有梅毒，请问，你会建议她堕胎吗？

测试二：现在要选举一名领袖，而你这一票正是最关键的。请看下面关于这三位候选人的一些事实，你会作何选择：

候选人A：跟一些不诚实的政客有往来，而且会咨询占星学家。他有婚外情，是一个老烟枪，每天喝8—10杯的马丁尼。

候选人B：他过去有两次被解雇的记录，睡觉睡到中午才起来，大学时吸过鸦片，而且每天傍晚会喝一夸脱的威士忌。

候选人C：他是一位受勋的战争英雄，素食主义者，不抽烟，只偶尔喝一点啤酒。从没有发生过婚外情。

相信你的第一反应会和大多数人一样：建议那个母亲堕胎，选择候选人C。但当你知道那个孕妇是贝多芬的母亲，候选人A、B、C其实分别是富兰克林·罗斯福、温斯顿·丘吉尔和阿道夫·希特勒时，一定会惊讶地张大嘴巴。本来你认为很好很人道主义的答案，结果却扼杀了贝多芬、创造了希特勒。

反思自己的选择，你会发现：这就是刻板效应带来的偏见。

其实这也不可避免，因为只要是人都有可能产生偏见，毕竟我们的认识能力太有限，知识水平也有限，很难保证对任何事物的看法都符合真实的实际情况。但不可否认，它也确实是人们互相交流的一个重大障碍，在它的影响下，可能会成为朋友的两个人也许就反目成仇了。

例如下面这个例子：有两个女人，坐在同一张桌子喝饮料。其中一个，把雨伞靠在桌边，另一个在喝完饮料时，迷迷糊糊的，顺手拿起雨伞就走。雨伞的主人大声叫说："喂！你拿了我的雨伞。"前面那个女人一脸尴尬，红着脸向对方道歉，说是忘了自己没带伞，一时误拿。这件事，让她想起需要买把雨伞，顺便也买一把给孩子，于是她便去买了两把。回家的路上，她正巧又跟那位之前被她误拿雨伞的女人坐在同一辆公车上。那女人注视着那两把雨伞，说："我看你今天的成绩还不错嘛！"

你也许也看扁过别人，或者被别人看扁过，那正是因为你或者别人用了带偏见的眼光来看待人和事，这样的经历并不好受，而且会给这个世界带来很多的误解。所以，如果你希望与他人有一个和睦友善的互动关系，就有必要放下这种先入为主的不良心理观念，让自己变成理智的思考者。

不过，要想跳出偏见的心理怪圈可不是一件容易的事情。要知道，一个人的心理影响和他对待他人的态度有很大的关系，你必须从自我的主观态度上做出调整：

用放大镜看他人

有时候眼睛会欺骗我们，让我们一叶障目，只看到他的平凡，看不到他被平凡包裹着的光芒四射的潜能。

但千里马也需伯乐来发现。一个人在成长的过程中，或许有一些灰色的污点，但同时，他身上也会有明亮的光点。我们不能心存偏见，因为一些性情上的瑕疵就全面否定他给他打上坏人的标签。

用放大镜看他人，我们也许就可以在一个卖饼老人身上学到丰富的知识、独特的思维方式、科学的研究方法和实用的解决问题之道，更可以在一个赌徒、酒鬼身上发现卓越的文学才能、治国能力或者经济、军事才干（丘古尔首相就曾经酷爱喝酒和赌博）。

像感受自己一样感受他人

现实中，由于每个人的立场不同、所处的环境不同，对同一个问题的看法和处理态度也会有所不同。如果每个人都只站在自己的立场上去思考问题，就会形成偏见。

因此，我们需要学会换位思考，将心比心，去理解别人的想法和感受，从对方的立场来看事情，以别人的心境来思考问题。这在心理学上被称为移情效应。

要想做到这一点，智者的建议是四句话：第一句话，把自己当成别人。在你感到痛苦忧伤的时候，就把自己当成别人，这样痛苦自然就减轻了；当你欣喜若狂之时，把自己当成别人，那些狂喜也会变得平和一些。第二句话，把别人当成自己。真正同情别人的不幸，理解别人的需要，而且在别人需要帮助的时候给予恰当的帮助。第三句话，把别人当成别人。充分尊重每个人的独立性，在任何情形下都不能侵犯他人的核心领地。第四句话，把自己当成自己。因为你爱别人，所以你要爱自己。

真正按照这四句话去做，体会别人的感受，明白别人的所需，并恰当地给予，尊重别人，让他感受你的关心，你的真诚，你的心意，双方才能建立真正的感情。

用新眼光去看他人

一个曾经犯过盗窃罪的小偷，不管出狱后做什么，你看他都觉得他是个小偷，一旦丢了东西，首先想到肯定是他偷的；一个大学英语四级考了 3 次才过，六级总也考不过的人，多年以后你仍然认为他是个英语学不好的人。

但须知“士别三日，当刮目相看。”永远不要以老眼光去看待别人，每个人都在不断地变化中，甚至变化很大。只要有时间和空间的存在不论是我、你还是他都与以前不同。我们应平心对待身边的每一个人，不断发现他们的改变，用新眼光去看待他们。尊重每一个人，不因他的富贵权势而卑躬屈膝、阿谀奉承，也不因他的卑微穷困而歧视他、瞧不起他，甚至给人难堪。须知富豪也会变乞丐，小人物也终有出头日。

同时，我们还应该警惕晕轮效应的影响。有些人看起来慈眉善目，温文尔雅，彬彬有礼，待人和善。我们常常会喜欢这样的人，认为这样的人必定善良、友好、有涵养、有层次、有水平，是一个值得结交的好朋友，是一个优秀的合作伙伴。然而事实未必如此，一些伪君子、骗子，表面一套背地一套的小人常常最具伪装性和迷惑性。不要因为他们的一些表面的突出的“优点”而忽略或者看不到他们的真实缺点，导致上当受骗。

总之，你要记住，世界上永远不存在完美的人，有优点并不意味着就是完人，有缺点也不意味着一无是处，我们应该养成客观全面地看待他人的习惯。

执拗的争辩，是一场没有胜利者的赌局

我们之中的任何人，都难免会有和别人产生分歧的时候。你是如何处理的呢？是妥协，还是坚持自己的观点呢？

相信大多数人都会选择用无休止的争辩来捍卫自己的权威和尊严。因为在这个世界上，无论是男人还是女人，都不希望自己的权威和尊严受到挑战。当有人试图改变他的想法时，大多数的时候他会严守阵地，坚决不做出任何退让。大至国家之间的利益之争，小到一场电影，一部小说能引起争辩，甚至，某人的发式与装饰也能引起争辩。

可是，执拗的争论，实在是一场永远不会胜利的赌局：你赢也是败，输也是败。如果你在争论中失败了，那就是失败，但是就算你在争论中获胜，你还是失败。因为争辩的双方都以对方为“敌”，因此留给对方的印象往往都是不愉快的。引用富兰克林的一句名言：“如果你辩论、争强、反驳，你或许会获得胜利。不过，这种胜利是十分空洞的，因为你永远得不到对方的好感。”

而避免引起双方争辩的最好方法就是：

不要正面反对别人的意见

其实富兰克林年轻的时候恰恰是一个喜好争辩的人，有一天，一位长官对他的做法实在看不下去了，就把他叫到一边，教育了一顿：“你真是无药可救，你已经打击了每一个和你意见不同的人。你的朋友发觉，如果你不在场，他们会自在得多。你知道得太多了，没有人能再教你什么，也没有人打算告诉你些什么，因为那样会吃力不讨好，又弄得很不愉快。因此你不可能再吸收新知识了，但你的旧知识又很有限。”

富兰克林接受了这个教训，从此立下了一条规矩：决不正面反对别人的意见。从此以后他不再说“我以为”“我觉得”“当然了”或者“目前我看来如此”之类的话。当别人陈述一件事情的时候绝对不立刻反驳，而是说：“在目前这件事上，我们的观点看来好像稍有不同。”当别人表示有兴趣听他的“稍有不同”的意见时，他才坦率陈言，否则宁可守口如瓶。

其实，我们每个人都应该懂得求同存异的道理，若有人向我们提出意见时，我们若不能即时赞同，最低限度要表示可以考虑，但不可马上反驳。小矛盾先咽一口气，不过分与人争执，才能获得别人的好感和尊重。

不要急于表达自己

很多时候，适当的沉默比声嘶力竭的争辩却更容易产生震慑的效果。

发明家爱迪生曾发明了自动发报机，后来他想卖掉这项发明，换回钱建一个新的实验室。但是他不熟悉当时的市场行情，不知道自己的自动发报机能卖多少钱。夫人米娜想卖 2 万美元，爱迪生觉得太多了，米娜就建议先让商家报价，看看情况再说。爱迪生觉得这是一个好主意，决定试一试。在与一位商人的商谈中，商家问爱迪生卖多少钱。由于爱迪生一直认为 2 万美元的卖价太高，所以迟迟不肯说价。商人追问了几次，爱迪生还是不好意思说，他表示要等妻子回家和她商量一下。但是商人显然没有耐心了，他说：“既然你不说价钱，那我就先开个价吧，10 万美元你卖不卖？”爱迪生听了这话，内心狂喜，但他却故意面露难色，说要等妻子回来问问她的意见。商人看到这种情况，担心夜长梦多，于是软磨硬泡，好说歹说，最后终于说服了爱迪生，签署了交易合同。后来，爱迪生高兴地讲起这件事时说：“真没想到，晚说一会儿就赚了 8 万美元。”

在人际沟通中，与人交谈是必不可少的交流方式，但有时候说得太多、说得太快，反而很容易陷入被动。适当的沉默，既可以避免不必要的争辩，又能够在谈话中以静制动，掌握谈话的分寸与节奏，还能让你身处暗处，令对方产生神秘感，让你在人际交往中更加受人欢迎。

适度的、有策略的示弱

人们尊重和仰视强者，因为可以从中学到知识和经验，可以让我们少犯错误。但人们也更多地同情和愿意保护弱者，因为这是人类的天性。与人相处，若想赢得对方的心，就必须学会示弱，让对方处处占上风。

一个优秀的皮鞋销售员，就曾经这样定位自己的成功——“不要争辩”，接着他还举了例子来说明：“有些顾客来你这儿买鞋子，总是横挑鼻子竖挑眼，将你的皮鞋贬得一文不值。他们常常会告诉你哪种鞋子是最好的，价格适中，样式和做工是多么精致，说得头头是道，似乎他们是这方面的行家。在这个时候，你如果和他们争辩是没有丝毫用处的，他们这样讲说到底就是为了用相对较低的价钱买到皮鞋。而这时，你就应该学会示弱了。例如，你可以恭维他的眼光确实很特别，的确是会挑选鞋子，自己卖的皮鞋则确有不足的地方，像样式不新颖了，不过鞋跟很稳固，鞋底不是牛筋底，走路的时候不会发出‘笃笃’的响声，但柔软也自有它独到的好处呢……你在承认这鞋子有不足的同时从另外的角度把它的优点夸赞了一番，或许这正是他们中意的地方呢，这样就可以令他们心动。顾客费了这么多的心思在这上而不正好能表明他们对这鞋子很满意吗？”

人人都喜欢占据尊荣的位置，这是人之常情。因此，让他人胜过你，捧着对方，就是让自己获得好人缘的成功法则。正如法国哲学家罗修夫的一句名言：“若想树立一个敌人，只需打败你的朋友就可以了；若要结交一位挚友，就要让对方胜过你。”

挑剔是破坏所有人际关系的定时炸弹

人都有一种奇怪的心理，那就是喜欢对他人的各个方面进行品评、指点——不管是在工作中还是在生活中，我们好像恨不得将他人都变成完美的机器人，只要我们下指令，对方就可以按照我们的想法做到。

其实，这就是一种普遍的不良心理——挑剔。但挑剔，并不能使事情变得更好。长期的挑剔、吹毛求疵所产生的压力，不仅会让自己陷入抱怨的痛苦深渊中不能自拔，更是破坏所有人际关系的定时炸弹，最终所有人都会离你而去。

心理学专家给出的这些建议，或许可以让你远离抱怨，变得不再挑剔：

挖掘优点

挑剔其实是自寻烦恼，因为身处这个世界里，你就要与形形色色的人打交道，显然并不是每个人都如我们期望的样子，如果你希望每一个人、每一件事都如你想象般完美无缺，便会因心理负担的增加而不快乐，周围的人也会因你的苛求苦不堪言，不胜其累。

事实上，人生的各种不幸皆由追求完美而导致。你要知道，每个人有缺点，但同时他也必然有优点。把注意力专注在对方的优点上，你就会发现，一切都很美好。

一个女孩哭哭啼啼地跑回娘家，向自己的父母细数新婚丈夫的缺点。面对女儿的哭诉，虽然母亲百般劝解，然而，并不能改变女儿的心意，年轻女孩仍然坚持要离婚。这时，原本沉默的父亲说话了。女儿还以为父亲也要像母亲一样劝她，可是，父亲并没有说什么，只是让她拿出一张白纸和一支碳素笔，并让她从现在开始仔细回想对方的缺点，每想到对方一个缺点，就在白纸上画一个黑点，于是女儿就不停地在白纸上画黑点。

很长一段时间后，女儿终于画完了。父亲拿起这张白纸，问她看到了什么。女儿说："黑点啊，也是他令人无法容忍的缺点。"父亲又问女儿道："除了黑点之外呢，你还能看到什么？""除了黑点，什么都没有啊！"女儿认真地答道。父亲又让女儿再认真看看，看还能看到什么东西。听了父亲的话，女儿想了好久，忽然明白过来，除了黑点，还有白纸，可是这与缺点有什么关系呢？这时，父亲接着问女儿："你丈夫有优点吗？"女儿迟疑了一下，终于点点头。父亲说，你把他的优点和缺点写下来，看看哪个多？

顿时，女儿破涕为笑，回去了，后来再也没有向谁抱怨过丈夫的缺点。

没有一个人是完美的，也没有一个人是故意不完美的。人与人之间都应该尝试着包容和接纳，这就是良好人际关系的密码。

换位思考

要求对方的时候，先问自己：我的要求合理吗？我自己是不是已经拿到一百分？当对方变成我的一百分时，我真的会快乐吗？为了这完美的一百分，彼此又得付出多么沉重的代价！实际上，当我们站在对方的立场上时，我们就会找出对方思维的合理点，从而理解其令我们不能接受的做法的产生根源，我们也就没有了挑剔和抱怨。

有一个朋友总抱怨他们家附近一家便利店的售货员态度不好，像谁欠了她巨款似的。后来她从邻居那里得知了这个女售货员的身世，原来她的丈夫有外遇之后，他们就离了婚，她还有老母瘫痪在床，上小学的女儿又患哮喘病，每月只能开四五百元工资，一家人住在一间15平方米的平房。难怪她一天到晚愁眉不展。朋友从此再不计较她的态度了，甚至还建议大家都帮她一把，为她做些力所能及的事。

如果我们经常从对方的角度设身处地地考虑和处理问题，多一些体谅和理解，多一些宽容，那我们在与人相处、沟通中就会多一些和谐，多一些友谊。另外，从某种意义上说，对方的触犯是发泄和转嫁他心中的痛苦，虽说我们没有义务分担他的痛苦，但确实可以用你的宽容去帮助他，使你无形之中做了件善事。这样一想，也就没有那么多抱怨了。

方式温和

即使不得不对对方有所要求，也要想办法使用温和的方式达成目的。当你心情不好的时候，当你想发脾气的时候，不要做重大决定，克制自己不要用暴力或强制的方式达成目的。否则只会损害彼此的关系。

比如，你可以在挑剔对方前，先做自我检讨。

有一对小夫妻，觉得彼此之间实在是存在太多的问题需要解决了，于是决定在这一天坐下来好好地谈一谈。

妻子先开口了："你有多久没有回家吃晚饭了？"丈夫也不甘示弱："你有多久没有起床做早饭了？"妻子接着说："你不回家陪我吃晚饭，我有多寂寞啊。"丈夫也说："你不给我做早饭吃，你知道上午工作时我多没有精神。上司已经批评我好几回了。""早饭你可以自己弄的啊，每天回来那么晚吵我睡觉，我怎么能起得来。你可以不回来陪我吃晚饭，我就可以不给你做早饭。"

妻子不高兴地说。丈夫也没有好气地说："你知道我一天上班有多辛苦，压力有多大。一个晚饭，自己吃怎么了，难道你还是孩子，要我喂你不成？"妻子抱怨说："你总是喝得烂醉而归，有多久没有给我买花，多久没有帮我做家务了？"

丈夫也抱怨："你知道你做的饭有多难吃，洗的衣服也不是很干净，花钱像流水，有多久没有去看我的父母了？"……就这样，夫妻二人你一句我一句地互不相让，最后竟翻出了结婚证要去离婚。

在路上，这对小夫妻遇见了一对老夫妇，他们正相互搀扶慢慢走着，老公公提着一大兜菜，老妇人则在旁边不时掏出手帕给老公公擦额头上的汗。

看到这个情景，小夫妻想起了结婚时的誓言："执子之手，与子偕老。

休戚与共，相互包容。”可是现在竟然……于是他们又有了下面的对话：丈夫说：“亲爱的，我真的很想回家陪你吃饭，可是我实在工作太忙，常常应酬，并不是忽略你啊。”妻子不好意思地说：“老公，我也不对，不应该那么小气，你在外工作挣钱不容易，早上我不应该赖床不起的。”“早饭我可以自己热，每天回家那么晚一定吵你睡不好觉，你应该多睡会儿的。”妻子也忙检讨自己……

就这样，离婚风波平息了。而且从这之后，夫妻俩变得互敬互爱，彼此宽容忍让，更多地为对方着想，恩恩爱爱。

记住，先让自己冷静下来，保持心平气和，是处理一切矛盾的基本原则。此外，你还可以培养一种幽默感，以快乐的方式解决不愉快事件。其实有时候，事情并非你想象的那样，也不是大是大非的问题，利用生活中的小幽默，采取可以让大家都能接受的方式，就可以在一种轻松的氛围下把不愉快事件化作一个小插曲。

消极的表情是破坏人际关系的罪魁凶手

表情，是一种无声的语言，它能够直观、形象地反映出人们的思想、情感及其心理活动与变化。而且，表情传达的感情信息要比语言来得巧妙得多，还易于对方觉察和理解。美国心理学家艾伯特·梅拉比安曾把人的感情表达效果总结为一个公式：感情的表达=语言 (7%)+ 声音 (38%)+ 表情 (55%)。可见表情所起到的传达情感的作用是十分有效的。

当我们随意做出各种面部表情，或清纯、或可爱、或欣赏、或怜爱；或愤怒、或痛苦、或尖酸、或刻薄……不管有没有语言的陪衬，这些表情都在传递着更加丰富的内涵：我喜欢你或我讨厌你。若能充分发挥我们的表情语言，向对方传达各种友好的信息，会很容易使对方了解我们，喜欢我们；相反，如果我们经常用消极表情来面对他人的话，双方的关系多半会死于表情之手。

以爱情关系为例，有这样一个女人和一个男人，恋爱期间他们用表情互相吸引。女人爱看言情小说，男人虽然对言情小说并不感兴趣，但是他钟情于女人那清纯、可爱、充满希望的表情；女人虽然无法从男人那里获得关于小说讨论的真知灼见，但是他对她的怜爱、欣赏的表情俘虏了她的芳心。

可是，结婚后，他们却不知不觉在用消极的表情伤害着对方。女人常常抱怨："天哪，这家里怎么乱七八糟的！"她希望男人对她的话有所反应，比如说："是有些乱，亲爱的，又要让你受累了。"或者说："亲爱的，你别急，我们一起收拾收拾。"即使他并不真的来帮她收拾，女人也会感觉欣慰，因为他关注到了她的情绪。

可是，男人却一声不吭，继续玩他的电脑，而且还故意“噼里啪啦”地将键盘敲得脆响。而男人却觉得，女人婚前娇丽可人、温柔如水，婚后却成了恶婆，动不动就发脾气。他上班忙忙碌碌的，回家就想耳根清净一会儿，可女人却总是喋喋不休地唠叨，而且说话还夹带着火药味儿，好像随时要引爆似的。比如，有时女人一进门就嚷：“起这么大风，是谁将窗户打开了？屋里吹得到处是灰！”男人觉得屋里吹了灰，用抹布擦一擦就是了，有什么值得嚷嚷的？于是干脆不作声。可是，他的沉默换来的却是女人越说越起劲。最后甚至“上纲上线”，怨男人没有能力到环境好的小区买房子。

我们不必追究是女人愤怒、尖酸的表情引起了男人的不屑和冷漠，还是男人的不屑和冷漠激发了女人的愤怒和尖酸，现在的问题是，他们的爱情受到威胁，是两个人共同雇用了“表情杀手”，用消极表情对爱刺杀的结果。

不只是爱情，事实上人际间的所有关系都经不起消极表情的折磨。其实，我们每个人都有情绪不好的时候，但这并不能作为以消极的表情面对他人的理由，不管你心中是多么愤怒和痛苦，也不管这些愤怒和痛苦因何而为，面对其他人的时候，请一定记住使用充满积极的表情。

积极表情中，最经典、最实用的就是微笑。美国作家、心理学家奥格·曼狄诺曾经提出过一条关于微笑的心理定律——曼狄诺定律，即微笑拥有巨大的威力，人们应该经常微笑，发自内心的微笑功能强大，可以和谐人际关系，甚至可以带来黄金。因为，微笑不仅仅是一种愉快心情的反映，也是和人内在品质中积极地价值相联系的。心理学家请人就简单的肖像照片对照片上的人做评价。他选出的照片都是相貌平凡者，只是有的带微笑，有的则不带笑容。结果显示，面带微笑的照片会得到积极的评价。当你微笑时，别人会觉得你更可爱，更和善，更合群，并且更聪明。

所以，当你不知道用什么表情来面对他人的时候，请微笑；当你有千言万语却无从说起时，也请微笑。

如果你很容易受到情绪的影响，那么要想经常保持微笑的状态，就需要一些训练了。例如每天对着镜子，咬住一根筷子，露出上排牙齿，你可以用双手按住两颊肌肉，调整嘴角上扬的角度，直到你认为是最好的位置为止。

然后把筷子拿掉，这就是你最理想的微笑表情了。看着镜子，记住这个表情。同时，多想一些愉快的事物，或令你有成就感的事物，并学会把这种感情表现在脸上。然后你就可以带着愉悦的心情，收紧下巴，常常地呼吸，抬头向前，走出家门。在路上碰到朋友的时候，以笑脸相迎，握手时要用力。心情坦荡，不必担心会遭到误解和嘲笑。当你在内心不断重复快乐的信念时，你周围的人或事便会如你期待的那样顺心合意。

当然，真诚的微笑还应该是发自内心的，要口到、眼到、心到、情到，从心眼里把对方当成自己最诚挚的朋友，这样的笑容才是最美、最打动人心的。

一个人自说自话是最低级的沟通能力

语言是人类的基本能力，是沟通的主要工具，但是光会说可不够，如果你不懂察言观色，当别人烦躁的时候，却凑上去嘀嘀咕咕；或是人家正兴高采烈时，却一不小心浇他一头冷水，就太不知趣了。

你要知道，沟通是互动性的，一个人自说自话是最低级的沟通能力。学会从别人的举手投足之间解读其心意，才可以相机行事：从别人的小习惯、小细节识别其才干和为人，才可以为我所用；从眼神和话语中判断出隐含的动机，才可以绕过人生路上的陷阱。

具体来说，我们可以从以下两方面入手：

一是察言

一般来说，一个人的感情或意见大多会通过说话方式表现出来，其内心深处的思想也会不知不觉地在口头上流露出来。因此，在跟别人交谈时，如果我们能够多加留心，就有机会从谈话中探知对方的内心世界。

说话方式：一个人说话的快慢、多少取决于他（她）的气质或性格，如果某一时刻，他（她）的说话方式突然异于平日，我们就应该多加观察了，以探知他们的心理秘密。一般说来，假如某人对他人心怀不满，或者持有敌意，他们的说话速度就会变得很迟缓，而且给人木讷的感觉；假如某人有愧于心，或者刻意欺瞒，其说话的速度则会不经意加快，这是人之常情。一位评论家就曾说过这样一句话："假如男人带着浮躁的心理回到家里，大多都会在妻子面前滔滔不绝地说个不停。"

说话音调：在与人交谈时，如果一个人心怀浮躁，他的音调就会突然高扬起来；当双方意见相左时，如果一个人提高说话的音调，则表明他想压倒对方。日本作曲家神津善行氏就曾说过："反驳对方的意见时，一般人都会用激扬的音调表现出来，这是最简单的方法，表示他想压倒对方。"而那些心怀企图的人，他们说话时往往会有意地抑扬顿挫，营造一种与众不同的感觉，以吸引别人的注意力，满足自我显示欲。

说话节奏：有的人始终有说不完的话题，就算想要告一段落，也需要花相当长的时间。其实，在说话者的内心里，通常潜伏着一种唯恐话题即将说完的恐惧与不安，所以他才展现出想要说个没完的高压态度或欲望；相反，有的人却想尽早道出最后结论来，这说明他很怕被人提出反驳意见，这类人似乎有一种错觉，以为不快点提出结论的话情况会更糟。

有些人喜欢以某种暧昧不明的语气结束讲话，事实上，在一般的语言构造中，句尾都应该道出结论来，如果带有含糊不清的意思，很容易给人不明所以、莫名其妙的感觉。凡是喜欢采用这种说话方式的人，大多是有意逃避自己的言论责任。此外，有的人喜欢说"这只是我个人的想法罢了"，或者说"真是一言难尽"，其实，他们跟上述的人怀有同样的心理。那些情绪不稳定的神经质的人，也喜欢套用这一类的限定句子。

措辞习惯：习惯使用第一人称单数的人，其独立性和自主性通常比较强；而喜欢用复数的人，则多为缺乏个性、被集体埋没、随声附和型的人。人们总觉得是在用自己的话说话、写文章，其实都在无意中在借用了别人的话，只要反过来探寻这一点，就可以窥见其人的内心深处。如使用难懂的词和时而夹杂一些外语的人多半令人感到困惑，实际上，这类人不过是想掩饰自己内心的弱点罢了。

二是观色

若要知悉他人的情绪，除了要懂得"察言"，更要学会"观色"。"观色"，即指通过观察别人的脸色来获悉对方的情绪。因为人们内心的情感活动，即使经过语言、行为等的掩饰，也会在表情的变化中不由自主地显露出来。倘若遇到高兴的事情，脸颊的肌肉会松弛，一旦遇到悲哀的状况，也自然会泪流满面。可以毫不夸张地说，表情是情绪最好的报幕员。

不过，在这里我要告诉你的是表情"假面具"中的乾坤。因为也有很多人不愿意将自己的内心活动让别人看出来，单从表面上看，就会让人判断失误。因此，我们必须要在探究表情的基础上突破对方的内在真正情绪。

1. 没表情。生活中，你是否注意到身边的某些人，不管别人对他说了什么，做了什么，他都是一副毫无表情的面孔。其实我们要知道，没表情不等于没感情，因为内在的感情活动倘若不完全呈现在脸部的肌肉上，也总是显得很不自然，越是没有表情的时候，就越可能是他内心感情极为强烈的时候。例如，有些职员不满上司的言行，但又敢怒不敢言，只好故意装出一副无表情的样子，显得毫不在乎。而实际上，再怎么压抑，他内心仍然强烈不满，如果你这时仔细了观察他的面孔，就会发现他的脸色不对劲。内心强烈的不满情绪使得他们瞪大眼睛，皱鼻子，或面部表情不自然。如果看到对方显露出这些细微变化，则说明对方的深层意识正陷入激烈的情绪冲突中。一个善于探究面部情绪的人，在对待这类职员时，直接指责他或者当场给他难看是最不好的选择，而要这样说："如果你有什么不满，不妨说出来听听！"这样下属的不满情绪才能得到安抚。如果上级能从这种死板的面孔或抽筋的表情中得知下属的情绪，并且开诚布公地与下属交换意见，进行沟通便可以积极改善与下属的不良关系，树立自己的良好形象。

毫无表情还是可以理解的一种情况，就是代表着一种爱意或者好感。尤其是女性，倘若太露骨地表现自己的爱慕或者好感不是很妥帖，所以呈现在外的就是一种毫不在乎的冷漠表情——与真实的心理正好相反。

2. 反表情。指的是一种内在的情绪和外在的表情完全错位的情况，所谓"怒极反笑"即是这个意思。人们之所以要这样做，是觉得如果将自己内心的欲望或想法毫无保留地表现出来，无异于违反社会的规则，甚至会引起众叛亲离，或者成为大众指责的对象，恐怕受到社会的制裁，不得已而为之。

一对夫妻，在结婚初期的感情非常好，但随着生活的日趋平淡，新婚的新鲜感也冷却了，常常为一些油盐酱醋之类的琐事吵架。起初，两人一有不满便各不相让，但吵过之后不久就会和好如初。可是，随着吵架次数的日益增加，两人谁也不愿意理睬对方，彼此都非常冷漠。但因为还要面对家人和朋友，也不想让别人看出来，他们逐渐达成了默契，那便是在有外人的时候，彼此照样显得很恩爱，而一旦只有两人独处时，就互不理睬。

渐渐地，就算周围没有人，他们也开始说话了，但这并不是尽弃前嫌，只是一些不得不说的话而已。并且，随着彼此之间的不调和发展到极端时，不快乐的表情逐渐消失，脸上也渐渐现出微笑，态度也日趋卑屈而亲切。

总之，当我们养成了察言观色的习惯，我们对他人的了解也就变得更加准确、可靠，沟通起来自然也就得心应手，这才是最高超的沟通之道。

沟通失败往往源于那些被你忽略的小事

心理学上有一个“蝴蝶效应”你一定听说过。它是由气象学家洛伦兹在华盛顿的美国科学促进会的一次讲演中提出的：一只南美洲亚马孙河流域热带雨林中的蝴蝶，偶尔扇动几下翅膀，可能在两周后引起美国德克萨斯州引起一场龙卷风。他的演讲和结论给人们留下了极其深刻的印象。从此以后，蝴蝶效应之说就不胫而走，名声远扬了。

蝴蝶效应产生的原因在于：蝴蝶翅膀的运动，导致其身边的空气系统发生变化，并引起微弱气流的产生，而微弱气流的产生又会引起它四周空气或其他系统产生相应的变化，由此引起连锁反应，最终导致其他系统的极大变化。

当然，今天的蝴蝶效应已不限于天气预报，就人际沟通而言：交谈中，你能否成为一个受人欢迎的人，和你是否注重交往的细节有很大的关系，不要轻视任何一个小小的动作、行为或语言，这都有可能成为对事情起关键作用的细节。那些令人反感、厌恶的小细节往往在最关键的时刻暴露你的大缺点，从而使你的形象在别人眼里受到很大的折损。

埃伦有 1.8 米的身高，让很多人羡慕。但是在第一次推销时，这却成了他失败的诱因。原来，当时埃伦离客户的距离很近，只有 0.5 米，客户却只有 1.65 的身高。尽管埃伦竭尽全力介绍自己的产品，力图唤起客户的兴趣，但是客户的面部表情却始终很难看，甚至不自觉地向后退。显然，这次谈判没有成功。

后来，埃伦找到了销售主管，询问其中的缘由。了解了现场的情况以后，销售主管说："你感觉你的身高是优势吗？在和客户谈判的时候，你的身高让客户感觉很压抑，所以他根本没心思听你说话。我猜他当时恨不得马上离开你。记住，以后一定要和客户保持 2 米以上的距离！"

看，这就是忽略了细节惹的祸。细节中往往渗透了人心的微妙之处，因此，我们一定要时时反省、审视自己的举止言行，才不致因小失大。事实上，如果你可以留意一些不被人注意的小事，还常常会给你带来很多的益处呢。

台湾著名实业家王永庆，他在创业初期开米店时，会将所有顾客的情况，如家里几口人，上次是什么时间送的米，大概什么时间可以吃完，顾客什么时候发薪水等，记录在一个小本子上。如果顾客手头不方便，他会先把米送过去，然后等他们发薪水的时候再去收钱。而且送米的时候，他不是送到就算，他会替顾客把米倒进米缸里。如果里面还有旧米，他就先把那些旧米倒出来，把米缸刷干净，再把新米放进去，然后再把旧米放在上面。正是因为他在别人都忽视的细节上用了心，所以赢得了越来越多的顾客，生意也越做越红火。

那么，在沟通中有哪些需要我们特别注意的小细节呢？

其实，细节体现在人际交往的点点滴滴中。比如：

保持口气清新：沟通中，我们常常需要与人面对面交流，两人间的距离也仅是一步之遥，交流中彼此的口气都能闻得到，如果一开口不是烟味就是口臭还怎么交流呢？所以在沟通前我们首先要检查自己的口气，这是对人的一种尊重，也是自己的一张无声名片。你可以对着镜子检查下口腔是否有残留物，接着用嘴向手掌吹下看是否有味道，吃饭后要刷牙或用漱口水，常备口香糖或漱口水，平常饮食不要过于辛辣，因为一个人火气过旺就会产生口臭。

见什么人穿什么衣服：从着装上来说，要见什么人穿什么衣服，这是一条最简单的法则。尤其是需要面见客户时，更不能穿错。如建材销售人员经常要拜访设计师和施工管理人员，前者当然要衬衫、领带以表现专业形象；后者若同样着装则有些不妥，因为施工工地环境所限，工作人员不可能讲究着装，如果你穿太好的衣服跑去工地，不要说与客户交谈，可能连办公室坐的地方都难找到。专家说：最好的着装方案是“客户 +1”，即只比客户穿得好“一点”，既能体现对客户的尊重，又不会拉大双方的距离。

与人保持“安全距离”：从举止上来说，除了不要做诸如挖鼻子、掏耳朵、削指甲、舔嘴唇、当众搔痒等太多小动作外，还要注意无论你对面的人是同性还是异性，你都需要与之保持身体上的一段“安全距离”。

一般来说，0.15 米 ~ 0.44 米是亲密距离。这是人际关系中的最小距离，在这个范围内的人，属于可以促膝谈心、亲密无间的关系；0.46 米 ~ 1.22 米是个人距离。属于人际交往中稍有分寸感的距离，彼此肢体接触不多，朋友与熟人都属于这一距离，如果是熟人中比较合得来的，彼此距离更靠近 0.46 米；1.2 米 ~ 2.1 米是社交距离。这个距离在社交或礼节上显得比较正式，正式场所、社交聚会上，人们大多会保持这种礼貌的距离；3.7 米 ~ 7.6 米是公众距离。一般是毫不相干的陌生人之间的距离，也是公开演说者和观众的距离。

开关门用力要轻些：对开门关门动作的轻重，可以看出一个人修养、内涵和水平来，也反映了一个人的精神面貌，更重要的是，直接影响到对方对自己的印象好坏，所以要格外注意。“嘭”的一声把门推开或关上，发出大的响声，给人的印象不是开门或关门而是在撞门，这给人的印象都是极不礼貌的，不管对方是熟人还是陌生人。所以开关门用力要轻些，用力过猛，便会使房门碰撞墙壁发出大的声响。但也不能用力过小，半天开不开，而给人一种畏畏缩缩、鬼鬼祟祟的不良印象。原则上应不管是以何种方式开门，在打开时，以自己能自由进入的程度为宜，不要太小，也不可太大。

做客时要吃掉主人给你的东西：去朋友家做客，在咖啡店里碰上别的朋友，他们会热情地招呼你入座，然后请你吃东西。这时候最好别不好意思，不妨大大方方接过来吃，他们若是真心的，你接过来就表示你接纳了他们的热情，他们会自然地感到你的亲切与随和。

尽量不要打断别人说话：聊天时会经常被人打断或打断别人，要么不专心，东张西望或玩手机，这些都是公认的非常不礼貌的行为。因此，我们在与人沟通时，不管对方讲的内容是否能引起你的兴趣都不能打断。如果觉得浪费时间可以随意地看下手表示友好提醒。在交流中如果非要打断时可先表歉意，然后说非要打断的理由，这个理由可以是提问或建议。

不要让你的客人孤独的出门：送客人下楼不仅是出于礼貌，它体现的是一种情感的交流。如果有朋友到你家做客，就送朋友下楼。虽然朋友口中再三说不用相送，但是如果你陪他一起下楼，这一小小的细节会温暖他回家时漫长的道路，你从此在他心里会有很高的地位，甚至胜过其他的朋友。但是，热情也不可过度，如果客人是一对正处于热恋中的朋友，而他们也再三不要你相送，你只需在看不见他们的身影时轻轻关上门就行了。

陪他一起骂“可恶的人或事”：在细节处关心他人，尽量去理解你失意的朋友吧，如果你尽了力却还是不能让对方开心，那就陪他一起骂“可恶的人或事”，至少他会觉得有人和他有同感。更有可能的是你还没骂够他就反过来劝你了。现在的人们需要的不是物质上的高度满足，而是一种精神上的慰藉，他们需要的只是一份理解的心意。

当然，不止这些，所有看似无关紧要的小细节中往往都包含着无限的温情。而温情已经成为现代人最真切的渴求，那么就让我们从这些小细节中做起吧。

得到的大于付出的，也会让人心理失衡

初入社交圈中的人很容易犯的一个错误，就是“好事一次做尽”，以为自己全心全意为对方做事，会使关系更融洽、密切。

但事实并非如此。心理学家发现，你对别人过分得好，在人际交往中“过度投资”，其实反而会对自己不利，或者对彼此的关系产生不利的影响。

那么，为什么对别人的“好”不能过度呢？这是因为对一个有劳动能力、理智健全的人来说，独立和付出是个性成长的需要。人际关系中如果不能相互满足某种需要，那么这种关系维持起来就比较困难。心理学家霍曼斯曾提出，人与人之间的交往本质上是一种社会交换，这种交换同市场上的商品交换所遵循的原则一样，就是希望在交往中，得到的不少于所付出的。这也是我们在互惠效应中阐释过的。正因如此，虽然人有自私的本性，不希望得到的少于付出的，但出于互惠效应，如果得到的大于付出的，也会让人心理失去平衡。因为这会使人感到无法回报或没有机会回报对方，而在心里感到愧疚，感到欠对方的情，这种心理负担会使受惠的一方只好选择疏远。

另外，心理学上还有一个贝勃定律，说的是当人经历强烈的刺激后，之后施予的刺激对他来说就会变得微不足道，就心理感受来说，第一次大刺激能冲淡第二次的小刺激。中国俗语说，“一斗米养个恩人，一石米养个仇人”，说的就是这个道理。就是说，你对别人适度地好，对方会感激你，也会回报你；但如果你对对方过好，对方时间长了就麻木了，而你某一次达不到原来的标准，反而会引起他的不满而得罪他。用通俗的话说，就是把对方给“惯坏”了。这在父母对孩子的教育中经常可以看到，在恋爱的男女身上也能看到。

对别人过好还有一个不良后果，那就是容易让别人觉得你心太软，不怕你，对你无所忌惮。生活中并不是所有的人都是善良之辈，所以让自己有点威严，可以更好地保护自己，也让自己更有影响力。如果你总是对别人太好，会让人觉得你善良而软弱，容易利用。尤其是作为领导，尤其要懂得恩威并施的手段，既要有软的一面，也要有硬的一面。

事实上，不管是在什么关系里面，一个人都不能只求付出，不求回报，而应该适当地向对方提出索取，以保持感情付出的平衡。而且你要让对方注意到你的付出，这既可让对方感到你对他的爱，也促使他在情感上回报你。而这种互相付出和回报，又会逐渐加深彼此的感情。

以下面这几种关系为例：

对孩子：要付出更要索取

向孩子索要爱的回报，并不是要孩子口头上感谢父母生育抚养之恩，而是要他们体贴、爱戴父母，愿意接受父母提出的要求和目标。例如，爸爸妈妈累了，就让孩子端杯茶来；与孩子一同上街购物，要求孩子也帮助拎一部分可以拎得动的东西。大人要明白地告诉孩子，爸爸妈妈也需要孩子回报一份爱。

例如一位妈妈这样分享了她的经验：

周末的早上，一定是我睡懒觉的时候，如果女儿起得早，那对不起，早饭自理。偶尔，女儿要在周末参加活动，需要我早起去送，我会拍拍她的小脑袋，发点儿“牢骚”：“哎呀，为了你，妈妈又少睡了一个懒觉。”女儿呢，也会搂着我懂事地回答：“那我把最好吃的糖果分几颗给你，谢谢妈妈。”其实，没有哪一位家长在乎孩子的回报，但是却一定要让孩子明白，不能把爸爸妈妈的付出看成理所当然。

事实上，每一个孩子也都愿意把最宝贵的东西奉献给父母。因为一个人在被他人需要时，才能感受到自己生命的价值；一个孩子在被大人需要时，才能感受到自己幼小的生命是多么地伟大，于是感悟到一种深深的爱意。但是遗憾的是：许多家长不懂得孩子心中还有这种爱的源泉，主动地拒绝了孩子们愿意为他们做的好事。而当这些最初的情感被磨灭了以后，再想用千言万语的道德说教去唤醒他们，就是不可能的事了。

对爱人：爱到刚刚好

对爱情尺度的掌握是一个难题，怎样才是刚刚好的爱情呢？以下几条建议仅供参考：

第一，永远不说多爱你。永远不要让对方知道你爱他多少，否则他会因此而自大。

第二，一天只打一通电话。在意犹未尽时先挂断，保持适度神秘感，没有人喜欢喋喋不休的伴侣。

第三，迁就太多就成了懦弱。谁也不欠谁的，在恋爱中两个人都是主角，要有自己的主见，懂得适当拒绝。

第四，不要天天厮守。爱情的生命力是有限的，要让爱情寿命长一点就要保持一个适当的距离。如果有了肌肤之亲，千万别摆出一副非你莫嫁的样子。

第五，对方永远只是一部分。三毛曾经说："我的心有很多房间，荷西也只是进来坐一坐。"要有自己的社交圈子，别一谈恋爱就原地蒸发，和所有的朋友都断了往来，这只会让你的生活越来越狭窄。

总之，我们需要学会有意识地变化和控制爱情表达的形式、强度以及参照物，更多时候，爱不要太多，只需刚刚好。

对朋友：不必有求必应

生活中有许多"老好人"，对所有人都笑眯眯的，对别人的话语总是随声附和，对别人的要求总是有求必应，从来不知道要去拒绝。可是，做一味讨好别人的老好人，你不但没能受到所有人的喜欢，恰恰相反，你有时甚至还会非常的沮丧，明明自己认为做得很不错，而且已经委曲求全，可就是得不到某些人的欢心，甚至连一点理解都没有。

一个刚毕业的大学生，为了和同事搞好关系，总是每天很早上班，提前帮同事们擦干净桌子倒好茶，然后把公共邮箱里的资料全都整理好，该打印的打印出来。而且，他对所有的人也都是有求必应。不管是修电脑还是复印材料，只要是同事们开口的，他从来都不会拒绝。甚至连买午餐、打开水这样的小事，同事们也会交给他去做。

一开始，他还很有成就感，觉得同事们越来越离不开他了。可是有一天，却让他对自己的做法产生了疑问。这天，他生病了，没有提早到达办公室完成擦桌子倒茶等工作，这下同事们可不满了，都抱怨说他今天是怎么回事，怎么桌子这样脏，而且水杯也是空的。上班的时候有同事又喊他打印文稿，因为稍稍慢了一个拍子，这个同事就不满了："你快一点行不行，我还等着急用呢，慢手慢脚地耽误了事情你负责啊！"

他感到很委屈又疑惑，平时自己做了那么多分外之事却得不到大家的感激，现在做这些居然都变成了自己的责任和义务，做得稍慢了些就要受到责怪。

可见，做"老好人"或许一开始大家会对你非常亲切，你也会有很好的人缘，可是天长日久，你的归宿只有一个——费力不讨好！因此，有时我们有必要学会勇敢地说"不"。

总之，做"好"事也是不能过度的，这会使别人难以承受，或者不懂珍惜，或者觉得我们心太软，反而对人际关系起到负面的作用。